POR ALEJANDRO GALMARINI

Acordes en el teclado *fácil*

Aprende a tocar, leer y escribir acordes con **Cifrado Americano**

SISTEMA VISUAL

Incluye 480 gráficos de posiciones en todas las tonalidades

Alejandro Galmarini
   Acordes en el teclado fácil : Aprende a tocar, leer y escribir
acordes con Cifrado Americano / Alejandro Galmarini. - 1a ed -
Olivos : Jorge Alejandro Izuel, 2021.
   52 p. ; 30 x 21 cm.

   ISBN 978-987-88-2810-7

   1. Música. I. Título.
   CDD 780

Alejandro Galmarini
   Acordes en el teclado fácil : Aprende a tocar, leer y escribir
acordes con Cifrado Americano / Alejandro Galmarini. - 1a ed -
Olivos : Jorge Alejandro Izuel, 2021.
   Libro digital, PDF

   Archivo Digital: descarga y online
   ISBN 978-987-88-2855-8

   1. Música. I. Título.
   CDD 780

Dedicado a Raúl Julio Izuel

ISBN 978-987-88-2810-7
ISBN 978-987-88-2855-8

PRÓLOGO

Cuando le pido a colegas músicos que me cuenten cuál fué el primer paso en su carrera musical, suelen relatarme eventos realcionados al momento en que consiguieron su primer instrumento, o su primer disco, o escucharon a determinado artista que los conmovió.

En mi caso me sorprende no poder recordar cómo comenzó todo. Lo que sí recuerdo vívidamente en mi relación con mis inicios en la música, es una sensación que al día de hoy sigue ardiendo en mí con la misma intensidad que en el comienzo. Es la curiosidad insaciable por querer descubrir cómo funciona la música; Un deseo profundo de conocer cuál es el "truco" detrás de lo que veo y escucho cada vez que me encuentro con ella en cualquiera de sus manifestaciones.

¿Como es posible que mientras alguien toca una melodía en un violín, un pianista toca algo diferente, pero en conjunto todo suena maravilloso a nuestros oídos? ¿Cómo sabe el pianista qué tiene que hacer para acompañar las acrobacias de un voz? ¿Cómo puede un pianista interpretar una melodía y a su vez acompañarla con muchas otras notas?, y ¿Como sabe qué notas usar? O, si se juntan un guitarrista y un pianista y quieren tocar juntos y no hay ninguna partitura, ¿cómo saben qué tocar? ¿Por qué unas notas suenan tan bien juntas y otras no lo hacen? ¿Por qué determinadas notas juntas transmiten calma y otras tensión?

Y luego, a la hora de crear: ¿Como acompaño una melodía?, ¿Qué sonidos puedo usar en una canción? Y en definitiva ¿como puedo transmitir un sentimiento o un mensaje combinando sonidos?

Con el tiempo y el estudio, he encontrado muchas de estas respuesta gracias a acceder al conocimiento de la Armonía musical, que explica cómo se relacionan los sonidos entre sí, y qué ocurre cuando dos o más sonidos suenan simultaneamente. Sabér qué son los acordes y como se construyen, resulta un conocimiento escencial para entrar en esta terreno. Este conocimiento nos dotará de fuertes herramientas para hablar un mismo lenguaje con otros músicos, poder leer y escribir canciones en un lenguaje universal y, por sobre todas las cosas, nos permitirá dominar los sonidos y utilizarlos para transmitir y compartir la música que vive dentro nuestro.

Es por eso que escribí este libro con el objetivo de volcar de una manera sintética y clara, pero a la vez completa, todas las herramientas necesarias para que puedas dominar la formación de acordes y su escritura a través del sistema del Cifrado Americano.

Rápidamente, de una manera visual y sin necesidad de hacer largos cursos de lenguaje musical, podrás llevar tus dedos al teclado y los sonidos a tus oídos, sin tener que abordar las complejidades de la escritura en el pentagrama.

Te mostraré todos los mecanismos necesarios para que puedas tocar, leer y escribir cualquier tipo de acorde, ya sea que quieras componer, acompañar una canción, o simplemente ampliar tus conocimientos musicales.

Sé que lo vas a disfrutar.

Alejandro Galmarini

ÍNDICE

CIFRADO AMERICANO

A lo largo del libro, aprenderemos un sistema de escritura musical llamado *Cifrado americano*. Este sistema es, probablemente, el más utilizado actualmente, porque nos brinda una manera simple de escribir y leer notas musicales y acordes, permitiendonos comunicarnos y entendernos con otros músicos. En este libro aprenderás a dominarlo, lo que te permitirá acceder a una cantidad muy grande de música.

NOTAS MUSICALES

Los *sonidos musicales* se representan por medio de las *notas musicales*. Las notas son 7 y podemos encontrarlas escitas en *Notación latina* o en *Cifrado americano*. En el cifrado americano a cada nota le correspone una letra mayuscula:

Notación latina	Do	Re	Mi	Fa	Sol	La	Si
Cifrado americano	C	D	E	F	G	A	B

LAS NOTAS EN EL TECLADO

Para poder ubicar correctamente las notas en el teclado, es muy importante observar su diseño. Notarás que las teclas negras se encuentran agrupadas alternadamente en conjuntos de dos y tres. La nota **Do** (**C**) es la que se encuentra ubicada debajo y a la izquierda de la primer tecla negra de cada grupo de 2.

Grupo de 2 teclas negras Grupo de 3 teclas negras

Nota **Do** (C)

Desde la nota **Do** (**C**) podemos ubicar fácilmente el resto de las notas, ya que coinciden con las teclas blancas. Verás que este diseño se repite varias veces a lo largo del teclado, y por consiguiente las notas se van repitiendo.

A este grupo de siete notas con sus teclas negras se lo denomina *octava*. Los pianos tradicionalmente cuentan con 7 octavas y 4 notas más (88 teclas), pero los diferentes instrumentos de teclado suelen presentar una cantidad variable de octavas.

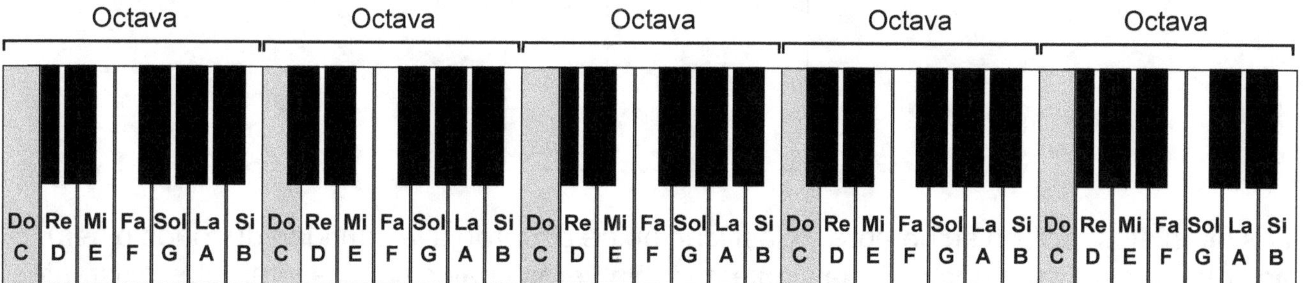

ALTERACIONES

Si bien las notas son siete, ubicadas en las teclas blancas, también podemos obtener sonidos intermedios, ubicados en las teclas negras del teclado, alterando las notas existentes.

Cuando alteramos las notas en forma ascendente (hacia el lado derecho del teclado) utilizamos el símbolo *sostenido* (♯) y cuando las alteramos en forma descendente (hacia el lado izquierdo) utilizamos el símbolo *bemol* (♭).

Las notas que no tienen una tecla negra encima (**E** y **B**), también pueden ser alteradas en forma ascendente, y las que no tienen una tecla negra debajo (**F** y **C**), pueden ser alteradas en forma descendente.

Notarás que una misma tecla o nota puede recibir nombres diferentes según desde que nota consideremos nombrarla. Ejemplo: La primer tecla negra puede llamarse **Do sostenido** (**C♯**) o **Re bemol** (**D♭**). Este fenómeno se denomina *enarmonía*.

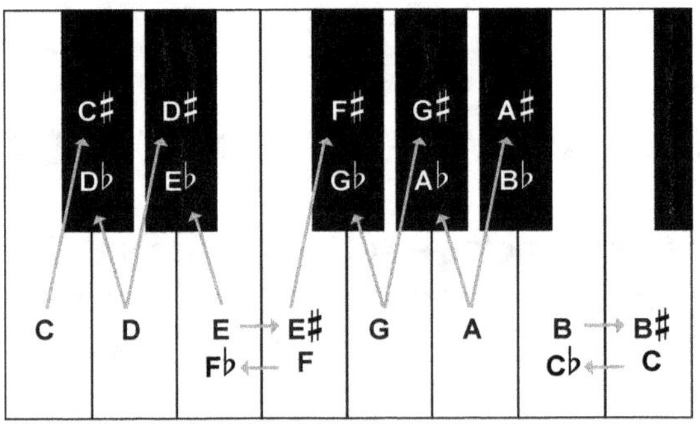

INTERVALOS

La distancia que existe entre dos notas se llama *Intervalo*.

La distancia mínima que puede existir -dos teclas que estan juntas- se denomina *semitono* (1/2 tono). Dos semitonos consecutivos formarán un *tono*.

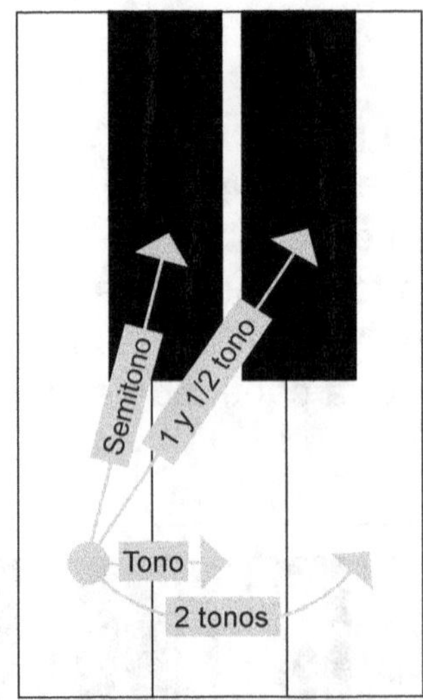

Los intervalos reciben su nombre y clasificación de acuerdo a la cantidad de tonos o semitonos que separan sus notas. En la siguiente tabla verás cuales son los intervalos existentes.

Cantidad de semitonos	Cantidad de tonos	Intervalo (Clasificación)	Nomenclaura	
0 semitonos (Dos notas dando el mismo sonido)	0	unisono	1	Intervalos simples
1 semitono	1/2 tono	Segunda menor	♭2	
2 semitonos	1 tono	Segunda mayor	2	
3 semitonos	1 y 1/2 tono	Tercera menor	♭3	
4 semitonos	2 tonos	Tercera mayor	3	
5 semitonos	2 y 1/2 tonos	Cuarta justa	4	
6 semitonos	3 tonos	Cuarta aumentada o Quinta disminuida	♯4 / ♭5	
7 semitonos	3 y 1/2 tonos	Quinta justa	5	
8 semitonos	4 tonos	Quinta aumentada o Sexta disminuida	♯5 / ♭6	
9 semitonos	4 y 1/2 tonos	Sexta o Séptima disminuida	6 / ♭♭7	
10 semitonos	5 tonos	Séptima menor	♭7	
11 semitonos	5 y 1/2 tonos	Séptima mayor	7	
12 semitonos	6 tonos	Octava	8	Intervalos compuestos
13 semitonos	6 y 1/2 tonos	Novena menor (Segunda menor)	♭9	
14 semitonos	7 tonos	Novena (Segunda mayor)	9	
15 semitonos	7 y 1/2 tonos	Décima menor (Tercera menor)(novena aumentada)	♯9 / ♭10	
16 semitonos	8 tonos	Décima Mayor (Tercera mayor)	10	
17 semitonos	8 y 1/2 tonos	Oncena (Cuarta justa)	11	
18 semitonos	9 tonos	Oncena aumentada (Cuarta aumentada)	♯11	
19 semitonos	9 y 1/2 tonos	Duodécima (Quinta justa)	12	
20 semitonos	10 tonos	Trecena menor (Sexta disminuida)	♭13	
21 semitonos	10 y 1/2 tonos	Trecena (Sexta)	13	

Cuando superamos la octava de distancia, los intervalos se denominan *compuestos*. Es muy útil relacionar los intervalos compuestos con el intervalo simple que le corresponde, ya que se trata en realidad de la misma nota, ubicada una octava más arriba.

Por ejemplo: La **novena menor** (♭9) es la misma que la **segunda menor** (♭2), la **novena** es la misma nota que la **segunda mayor** (2), etc...

Intervalos con respecto a la nota Do (C)

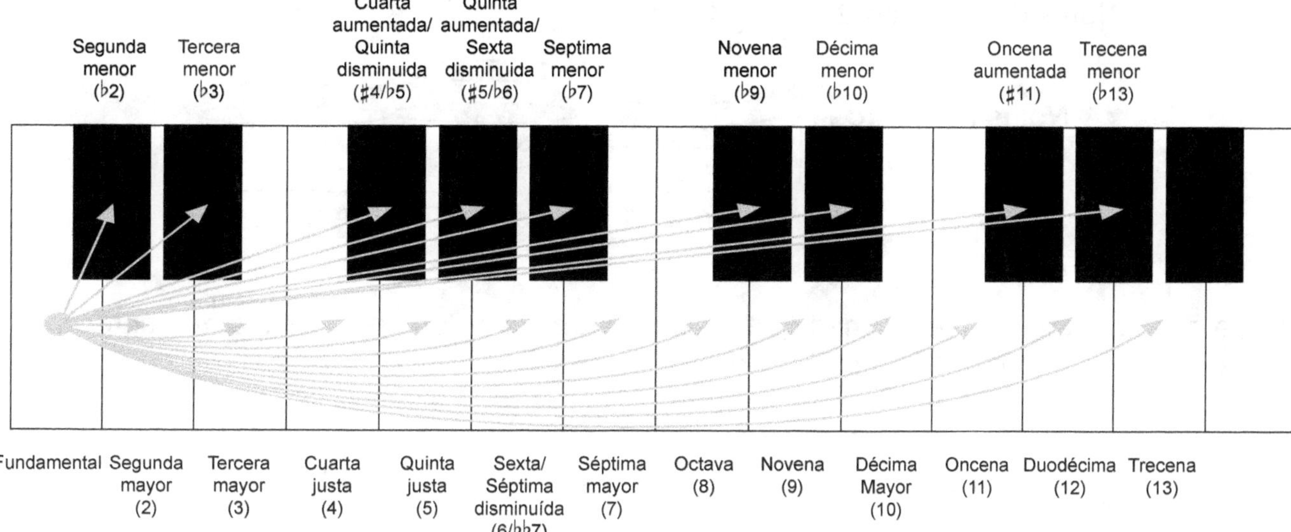

ACORDES

Cuando dos o más sonidos musicales suenan simultáneamente, se produce un acorde.

Existen muchos tipos de acordes de acuerdo a la cantidad de notas que contienen y a los tipos de intervalos que existen entre ellas, o dicho de otro modo, a la distancia que separa cada una de las notas que estan sonando simultaneamente. Un mismo tipo de acorde se puede construir a partir de cualquiera de las 12 notas.

De forma general, cuando se utilizan acordes para acompañar melodías, como ocurre en la mayoría de las canciones, podemos decir que cada acorde es una selección de notas que hace el músico, para acompañar la melodía durante un determinado fragmento de la canción.

Podríamos graficarlo de esta manera simplificada:

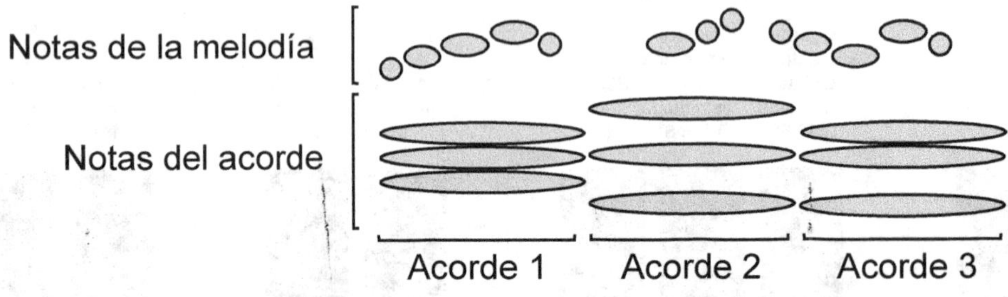

Ahora conoceremos las relaciones que existen entre las notas de cada tipo de acorde y comenzaremos a formarlos y practicarlos.

ACORDES TRÍADA

Es el tipo de acordes más común y sirve de punto de partida para todos los demás tipos de acorde. Su nombre se debe a que están conformados por tres notas.

Los cuatro acordes triada básicos se forman separando sus tres notas mediante intervalos de tercera. Al existir dos clases de intervalos de tercera, la *tercera menor* y la *tercera mayor*, obtenemos cuatro combinaciones posibles.

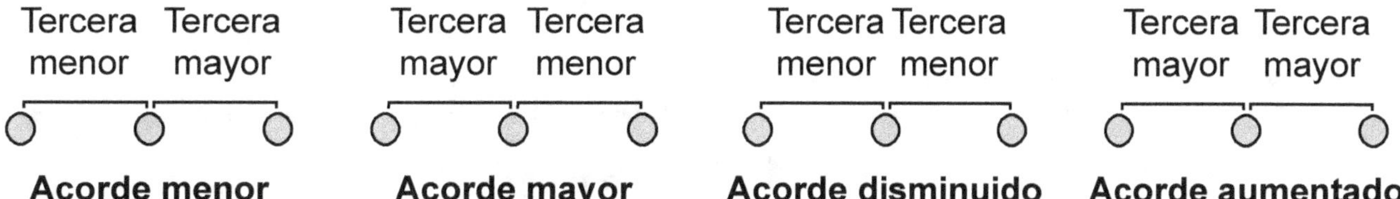

FÓRMULA INTERVÁLICA

Al conjunto de intervalos que determinan cada tipo de acordes se lo llama *formula interválica* y se escribe indicando los nombres de los intervalos que debemos utilizar, a partir de su primer nota o nota fundamental, para formar ese tipo de acorde.

Tomemos como ejemplo el acorde menor, conformado por la superposición de una *tercera menor* y luego una *tercera mayor*. Su formula interválica será **1 - ♭3 - 5**, por estar conformado por la fundamental (**1**), la tercera menor (**♭3**) y la quinta (**5**); intervalo que se forma entre la fundamental y la tercer nota, que se obtiene al agregar una *tercera mayor* por encima de la segunda nota.

Si aplicamos esa formula a partir de cualquier nota que determinemos como fundamental, estaríamos construyendo el **acorde menor** de esa nota.

Por ejemplo:
Si la aplicamos a partir de la nota **Do (C)**, el acorde será de **Do menor**.
Si la aplicamos a partir de la nota **Re (D)**, el acorde será de **Re menor**.
Las notas resultantes serán:

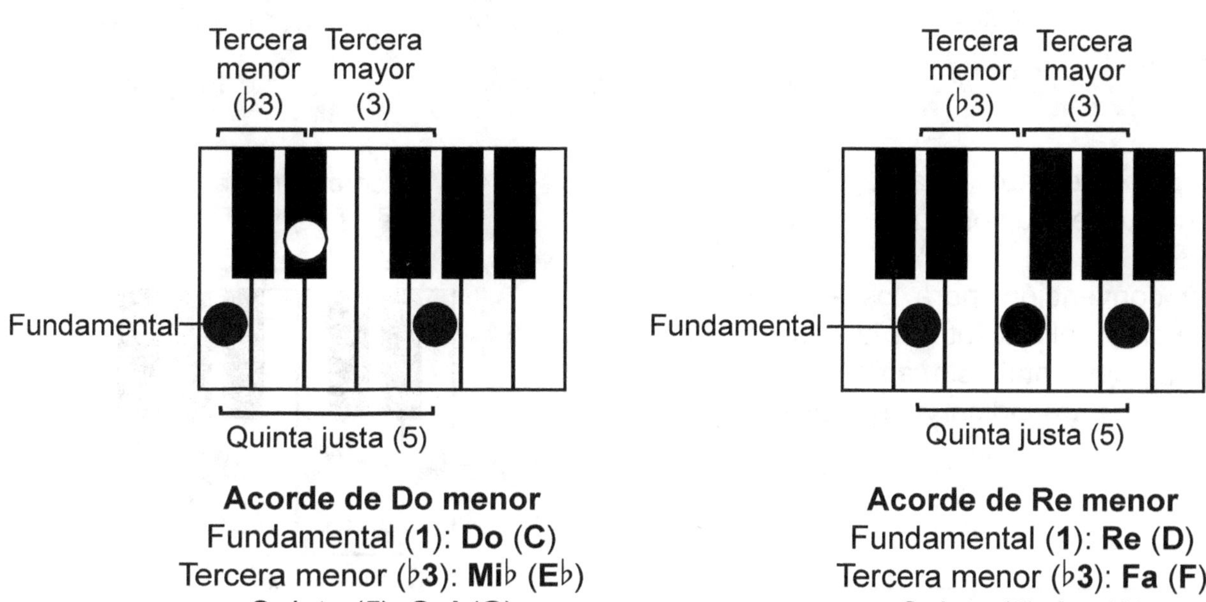

Acorde de Do menor
Fundamental (1): **Do (C)**
Tercera menor (♭3): **Mi♭ (E♭)**
Quinta (5): **Sol (G)**

Acorde de Re menor
Fundamental (1): **Re (D)**
Tercera menor (♭3): **Fa (F)**
Quinta (5): **La (A)**

Los sucesivos tipos de acordes, estarán construidos a partir de la nota **Do** a modo de ejemplo, pero su formula interválica nos servirá de "receta" para construir ese tipo de acorde a partir de cualquier nota.

ACORDE MENOR

Como vimos, está formado por la superposición de una *tercera menor* (1 tono y 1/2), seguida de una *tercera mayor* (2 tonos). Esta última nota conforma una 5ta. justa con respecto a la fundamental (3 tonos y 1/2).

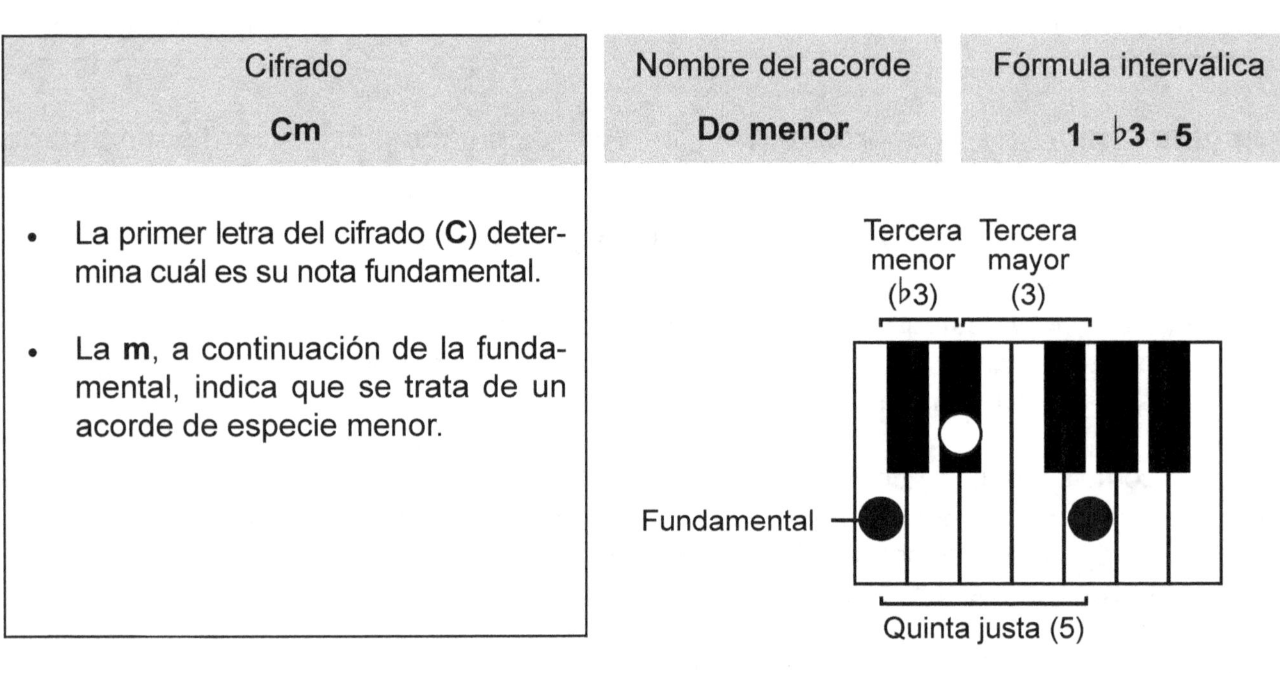

ACORDE MAYOR

Conformado por la superposición de una *tercera mayor* y luego una *tercera menor* que forma una 5ta. justa con respecto a la fundamental.

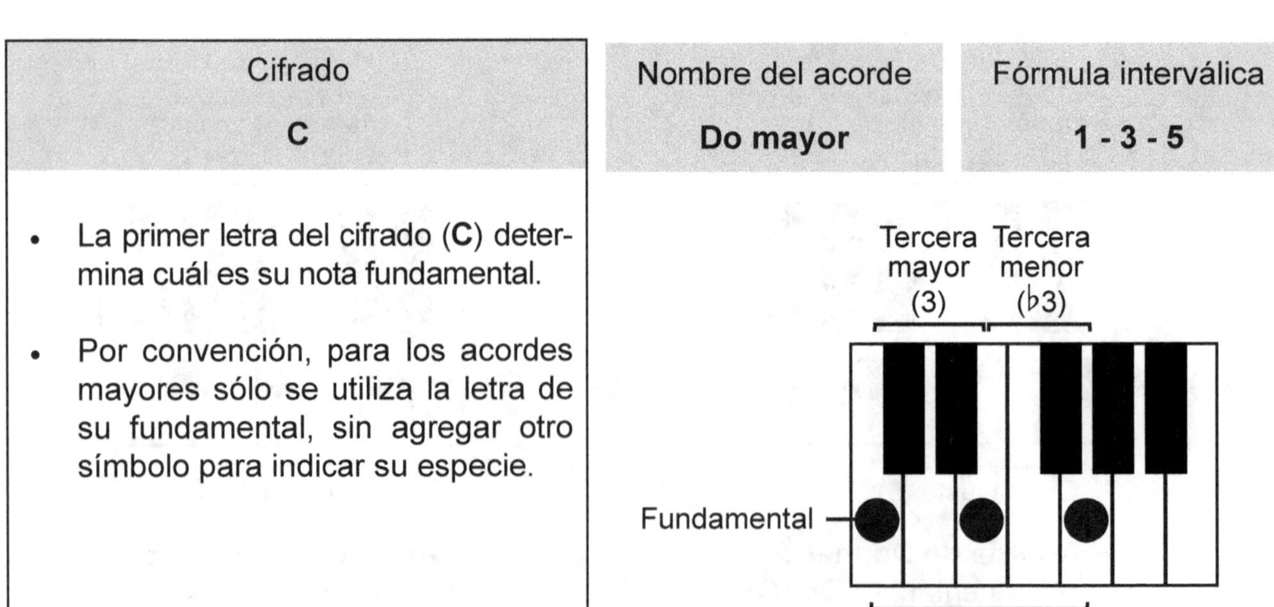

ACORDE DISMINUIDO

Conformado por la superposición de dos *terceras menores*. La tercer nota conforma una 5ta. disminuida con respecto a la fundamental y es la que le dá el nombre a este tipo de acorde, aunque sea un acorde de modo menor.

Cifrado	Nombre del acorde	Fórmula interválica
C°	**Do disminuido**	**1 - ♭3 - ♭5**

- La primer letra del cifrado (**C**) determina cuál es su nota fundamental.

- El símbolo **°** a continuación de la fundamental indica que se trata de un acorde de especie disminuida y su 5ta. es disminuida.

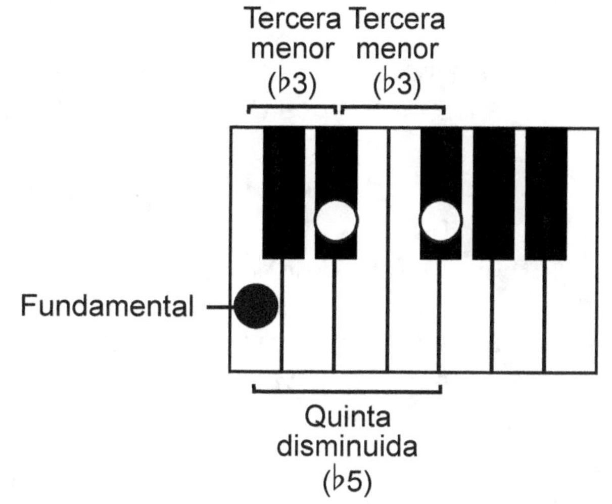

ACORDE AUMENTADO

Conformado por la superposición de dos *terceras mayores*. La tercer nota conforma una 5ta. aumentada con respecto a la fundamental y es la que le dá el nombre a este tipo de acorde, aunque sea un acorde de modo mayor.

Cifrado	Nombre del acorde	Fórmula interválica
C+	**Do aumentado**	**1 - 3 - ♯5**

- La primer letra del cifrado (**C**) determina cuál es su nota fundamental.

- El símbolo **+** indica que se trata de un acorde de especie aumentada y su 5ta. es aumentada.

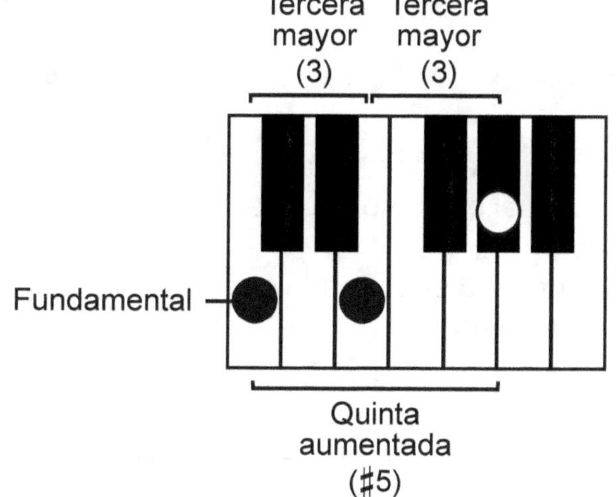

Tip creativo

Luego de conocer las formulas interválicas que conforman cada acorde, te recomiendo seguir estos consejos para que además de saber el aspecto teórico, lleves estos conocimientos rápidamente a la práctica y se vuelvan parte de tu ADN musical.

- Acostumbrate a tocar los diferentes tipos de acordes para poder reconocerlos según su sonoridad.

- Practica armar cada tipo de acorde a partir de cualquiera de las 12 notas.

- Aprende a deducir los acordes, no sólo desde su formula interválica, sino con respecto a los otros tipos de acordes y practicalo en el teclado. Por ejemplo:

   Si a un acorde *mayor* le disminuyes su tercera en medio tono, obtendrás un acorde *menor*.
   Si a un acorde *menor* le asciendes la tercera en medio tono, obtendrás un acorde *mayor*.
   Si a un acorde *menor* le disminuyes su quinta, obtendrás un acorde *disminuído*.
   Si a un acorde *mayor* le aumentas la 5ta. en medio tono, obtendrás un acorde *aumentado*.

Pruebalo!

ACORDES CON LA TERCERA MODIFICADA

ACORDE EN QUINTA

Conocido también como *Power chord*. Es un acorde con la *tercera omitida*. Por lo tanto no nos brinda información para determinar si es de modo mayor o menor.

Cifrado	Nombre del acorde	Fórmula interválica
C5	**Do quinta**	**1 - 5**

- La primer letra del cifrado (**C**) determina cuál es su nota fundamental.

- El número **5** se refiere a su intervalo de 5ta. justa.

La tercera del acorde es reemplazada por la segunda (**2**). Funciona tanto como reemplazo de la tercera de un acorde menor como de uno mayor.

Cifrado	Nombre del acorde	Fórmula interválica
Csus2	**Do con segunda suspendida**	**1 - 2 - 5**

- La primer letra del cifrado (**C**) determina cuál es su nota fundamental.

- El símbolo **sus2** significa segunda suspendida.

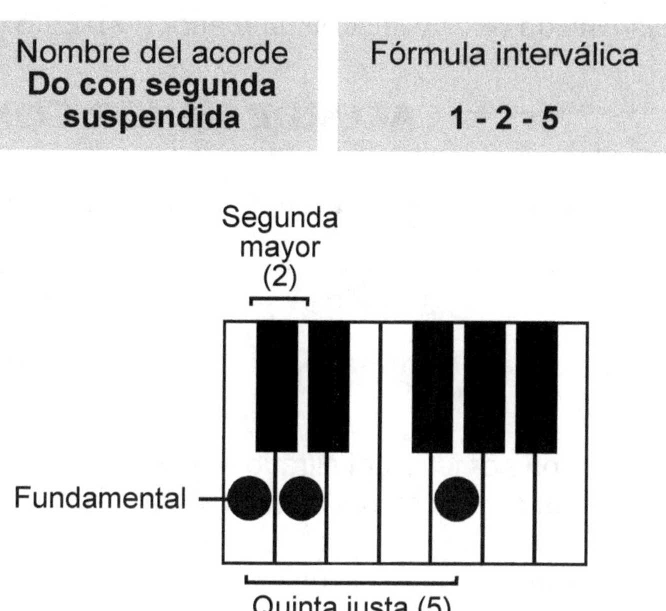

La tercera del acorde es reemplazada por la cuarta (**4**). Funciona tanto como reemplazo de la tercera de un acorde menor como de uno mayor.

Cifrado	Nombre del acorde	Fórmula interválica
Csus4	**Do con cuarta suspendida**	**1 - 4 - 5**

- La primer letra del cifrado (**C**) determina cuál es su nota fundamental.

- El símbolo **sus4** significa cuarta suspendida.

ACORDES CON SÉPTIMA

Se obtienen agregando un intervalo de séptima con respecto a su fundamental a los acordes triada. A los acordes menor, mayor y aumentado, habitualmente se les agrega la séptima menor (♭7) y la séptima mayor (7). Para los acordes disminuidos es más habitual utilizar la séptima disminuida (♭♭7) y la séptima menor (♭7). Esto nos brinda 8 posibles combinaciones:

ACORDE MENOR CON SÉPTIMA MAYOR

A la triada menor se le agrega una séptima mayor.

Cifrado **Cm(maj7)**	Nombre del acorde **Do menor con séptima mayor**	Fórmula interválica **1 - ♭3 - 5 - 7**

- La primer letra del cifrado (**C**) determina cuál es su nota fundamental.

- La **m,** a continuación de la fundamental, indica que se trata de un acorde de especie menor.

- El símbolo **(maj7)** indica que la séptima es mayor.

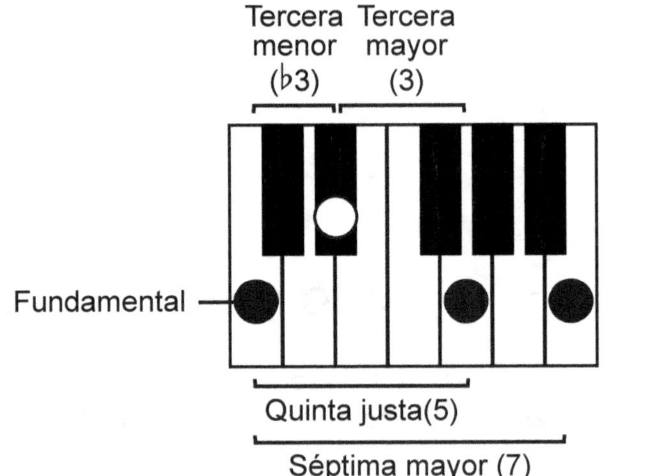

ACORDE MENOR CON SÉPTIMA MENOR

A la triada menor se le agrega una séptima menor.

Cifrado **Cm7**	Nombre del acorde **Do menor con séptima menor**	Fórmula interválica **1 - ♭3 - 5 - ♭7**

- La primer letra del cifrado (**C**) determina cuál es su nota fundamental.

- La **m**, a continuación de la fundamental, indica que se trata de un acorde de especie menor.

- El **7**, sin otro agregado, indica que la séptima es menor.

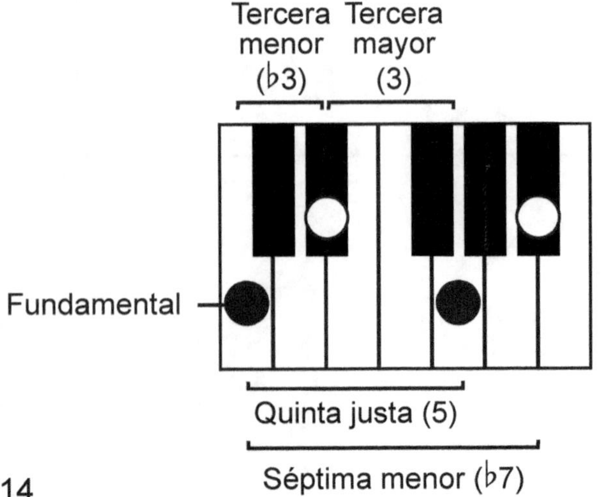

ACORDE MAYOR CON SÉPTIMA MAYOR

A la tríada mayor se le agrega una séptima mayor.

Cifrado **Cmaj7**	Nombre del acorde **Do mayor con séptima mayor**	Fórmula interválica **1 - 3 - 5 - 7**

- La primer letra del cifrado (**C**) determina cuál es su nota fundamental.

- Por convención, para los acordes mayores no se utiliza ningún símbolo para indicar su tercera mayor.

- El símbolo **maj7** indica que la séptima es mayor.

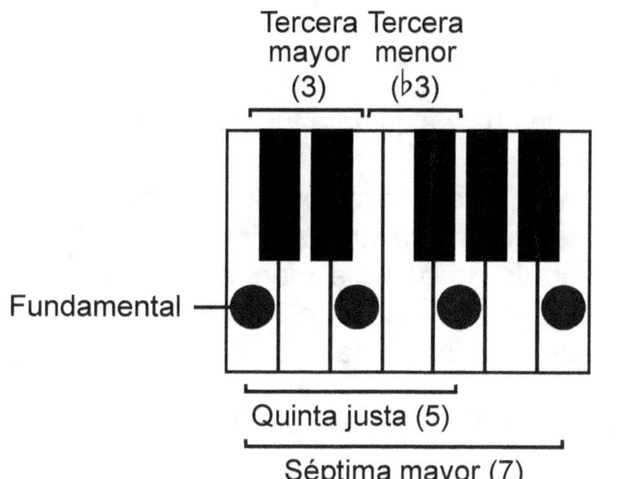

ACORDE MAYOR CON SÉPTIMA MENOR

A la tríada mayor se le agrega una séptima menor. También conocido como acorde dominante.

Cifrado **C7**	Nombre del acorde **Do mayor con séptima menor**	Fórmula interválica **1 - 3 - 5 - ♭7**

- La primer letra del cifrado (**C**) determina cuál es su nota fundamental.

- Por convención, para los acordes mayores sólo se utiliza la letra de su fundamental, sin agregar otro símbolo para indicar su especie.

- El **7**, sin otro agregado, indica que la séptima es menor.

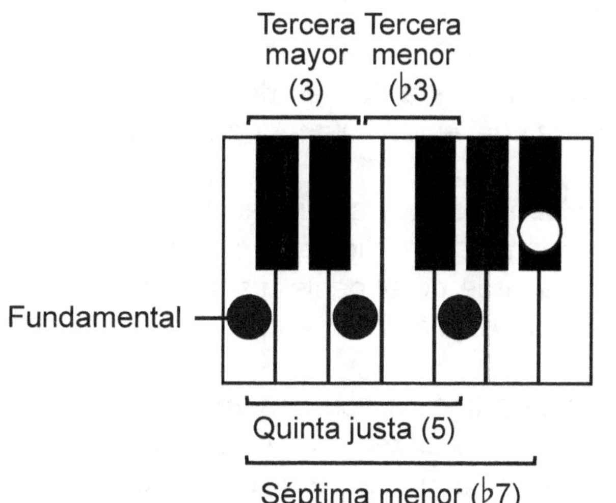

ACORDE DISMINUIDO CON SÉPTIMA MENOR (SEMIDISMINUIDO)

A la tríada disminuída se le agrega una séptima menor.

Cifrado	Nombre del acorde	Fórmula interválica
Cm7(♭5)	**Do disminuído con séptima menor**	**1 - ♭3 - ♭5 - ♭7**

- La primer letra del cifrado (**C**) determina cuál es su nota fundamental.

- La **m**, a continuación de la fundamental, indica que se trata de un acorde de especie menor, pero en este caso la aclaración (**♭5**) indica que su quinta está disminuída.

- El **7** indica que el acorde lleva la séptima menor.

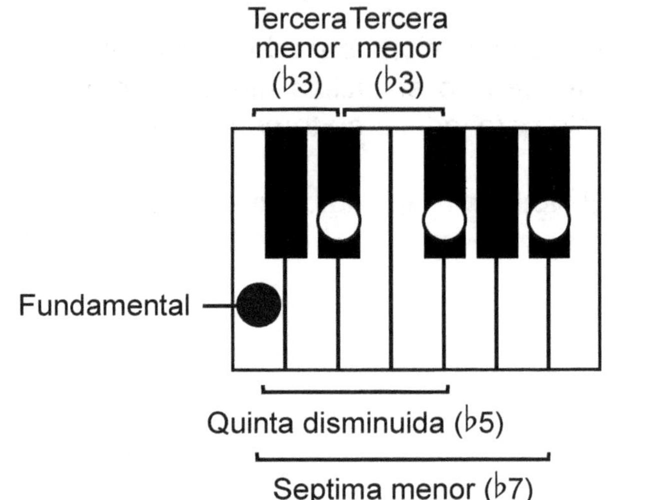

ACORDE DISMINUIDO CON SÉPTIMA DISMINUIDA (DISMINUIDO)

A la tríada disminuída se le agrega una séptima disminuída.

Cifrado	Nombre del acorde	Fórmula interválica
C°7	**Do disminuido con séptima disminuida**	**1 - ♭3 - ♭5 - ♭♭7**

- La primer letra del cifrado (**C**) determina cuál es su nota fundamental.

- El símbolo **°**, a continuación de la fundamental, indica que se trata de un acorde de especie disminuida y su 5ta. es disminuida.

- En este tipo de acordes, el **7** indica que lleva séptima, y en este caso es 7ma. disminuida. Por convención se sintetiza el cifrado para no repetir el símbolo de disminuido que corresponde a la 5ta. y a la 7ma.

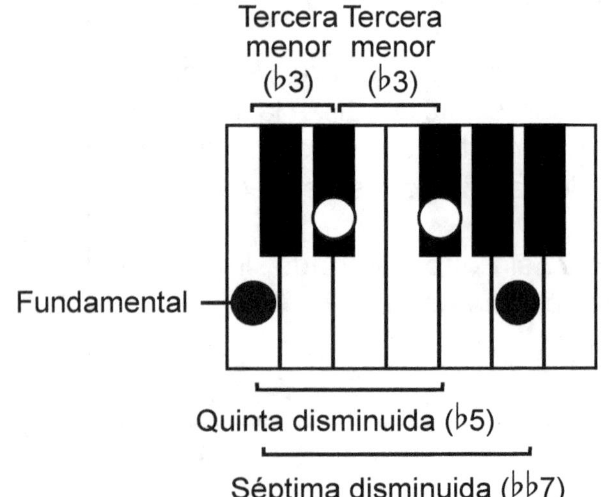

A la tríada aumentada se le agrega una séptima mayor.

Cifrado
Cmaj7(♯5)
• La primer letra del cifrado (**C**) determina cuál es su nota fundamental.
• La extensión del acorde se cifra como un acorde mayor con séptima mayor (**maj7**) al que se le ha aumentado su quinta (**♯5**).

Nombre del acorde **Do aumentado con séptima mayor**	Fórmula interválica **1 - 3 - ♯5 - 7**

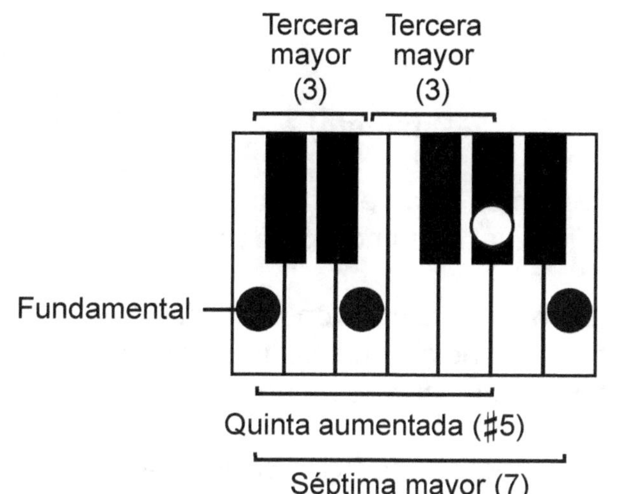

──────── **ACORDE AUMENTADO CON SÉPTIMA MENOR** ────────

A la triada aumentada se le agrega una séptima menor.

Cifrado
C+7
• La primer letra del cifrado (**C**) determina cuál es su nota fundamental.
• El símbolo **+** a continuación de la fundamental indica que se trata de un acorde de especie aumentada y su 5ta. es aumentada.
• El **7** indica que el acorde lleva séptima menor.

Nombre del acorde **Do aumentado con séptima menor**	Fórmula interválica **1 - 3 - ♯5 - ♭7**

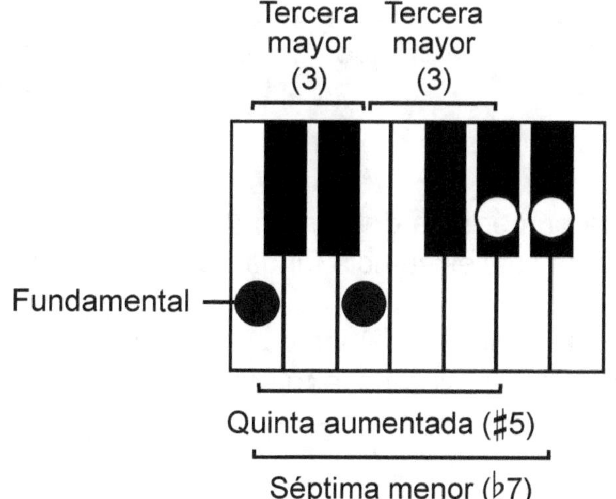

ACORDES TRIADA CON TENSIONES AGREGADAS

Se denomina tensiones a las notas que se agregan a la estructura básica del acorde (Fundamental, Tercera, Quinta y Séptima).

ACORDE MENOR CON CUARTA AGREGADA

A la tríada menor se le agrega una cuarta.

Cifrado **Cm(add4)**	Nombre del acorde **Do menor con cuarta agregada**	Fórmula interválica **1 - ♭3 - 4 - 5**

- La primer letra del cifrado (**C**) determina cuál es su nota fundamental.

- La **m**, a continuación de la fundamental, indica que se trata de un acorde de especie menor.

- El símbolo **(add4)** indica la cuarta agregada. En el caso de los acordes menores se escribe entre paréntesis.

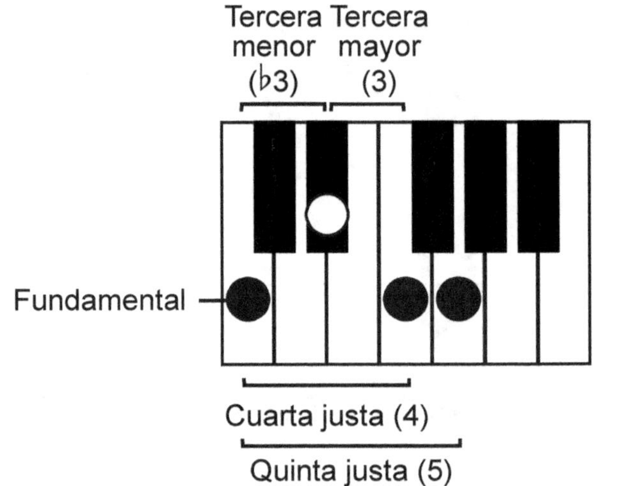

ACORDE MAYOR CON NOVENA AGREGADA

A la triada mayor se le agrega una novena. Se puede utilizar también la 2da., que es el intervalo simple que le corresponde. Al tratarse de la misma nota, cumple la misma función armónica.

Cifrado **Cadd9**	Nombre del acorde **Do mayor con novena agregada**	Fórmula interválica **1 - 3 - 5 - 9**

- La primer letra del cifrado (**C**) determina cuál es su nota fundamental.

- El símbolo **(add9)** indica el agregado de la novena a la triada mayor.

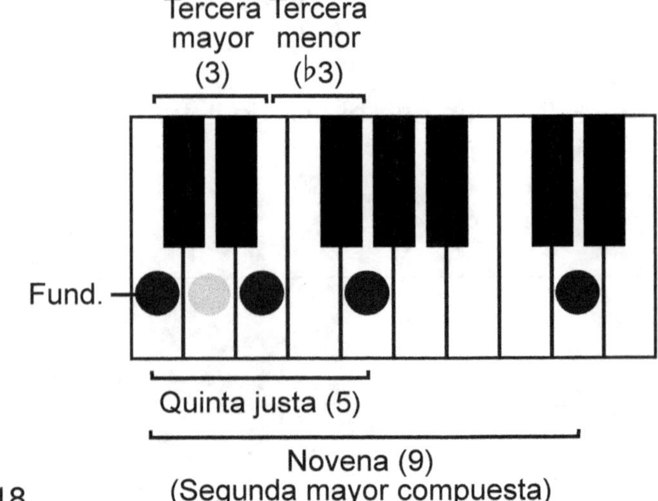

ACORDE MENOR CON NOVENA AGREGADA

A la tríada menor se le agrega una novena. Se puede utilizar tambíen la 2da, que es el intervalo simple que le corresponde. Al tratarse de la misma nota, cumple la misma función armónica.

<table>
<tr><td>Cifrado

Cmadd9</td><td>Nombre del acorde
Do menor con
novena agregada</td><td>Fórmula interválica

1 - ♭3 - 5 - 9</td></tr>
</table>

- La primer letra del cifrado (**C**) determina cuál es su nota fundamental.

- La **m**, a continuación de la fundamental, indica que se trata de un acorde de especie menor.

- el símbolo **(add9)** indica la cuarta agregada. En el caso de los acordes menores se escribe entre paréntesis.

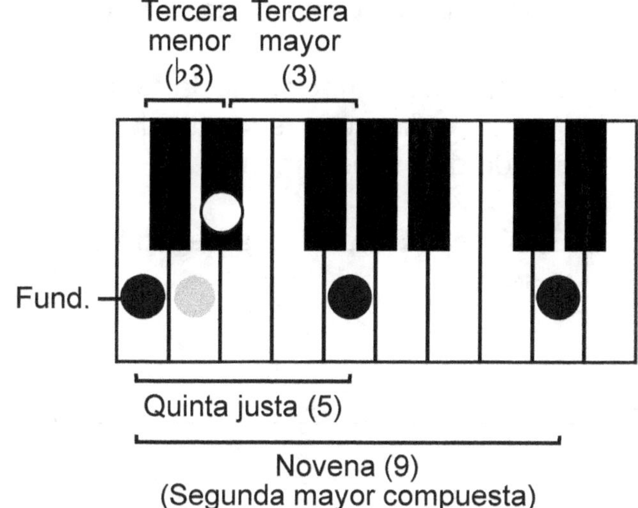

ACORDE MAYOR CON SEXTA

A la tríada mayor se le agrega una sexta.

<table>
<tr><td>Cifrado

C6</td><td>Nombre del acorde
Do mayor con
sexta</td><td>Fórmula interválica

1 - 3 - 5 - 6</td></tr>
</table>

- La primer letra del cifrado (**C**) determina cuál es su nota fundamental.

- El número **6** indica el agregado de la sexta.

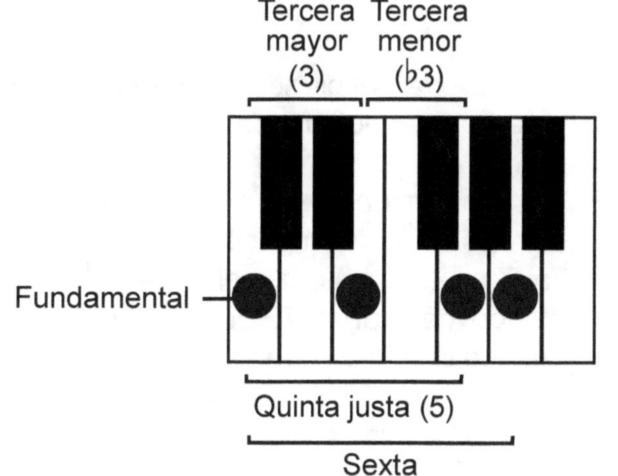

A la triada menor se le agrega una sexta.

Cifrado	Nombre del acorde	Fórmula interválica
Cm6	**Do menor con sexta**	**1 - ♭3 - 5 - 6**

- La primer letra del cifrado (**C**) determina cuál es su nota fundamental.

- La **m**, a continuación de la fundamental, indica que se trata de un acorde de especie menor.

- El número **6** indica el agregado de la sexta.

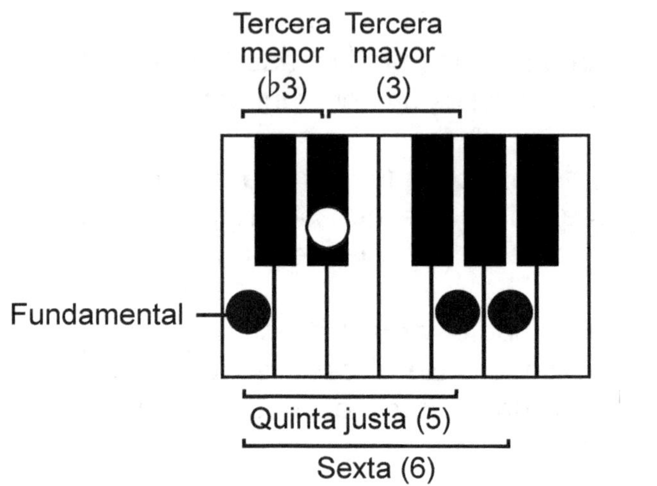

ACORDES DE SÉPTIMA CON TENSIONES

A la triada mayor se le agrega la séptima mayor y la novena (Segunda compuesta). El resultado es un acorde mayor maj7 con una 9na.

Cifrado	Nombre del acorde	Fórmula interválica
Cmaj9	**Do mayor con novena**	**1 - 3 - 5 - 7 - 9**

- La primer letra del cifrado (**C**) determina cuál es su nota fundamental.

- En los acordes en que la novena no es agregada, está implícito el uso de la 7ma. se sintetiza el cifrado omitiendo colocar el 7. El simbolo **maj** indica que la séptima es mayor.

- el número **9** indica la novena.

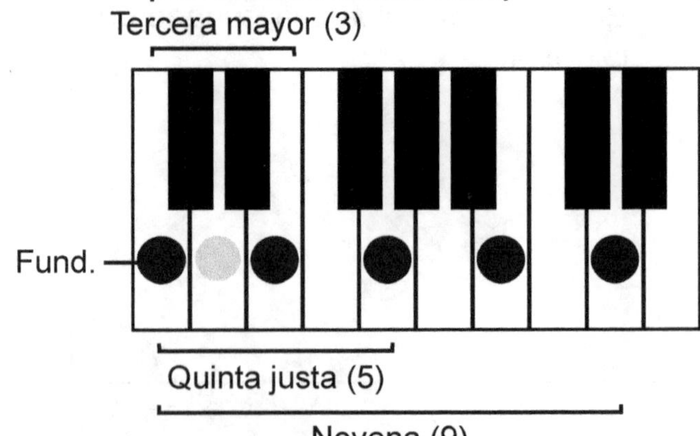

ACORDE MAYOR CON SÉPTIMA MENOR Y NOVENA

A la triada mayor se le agrega la séptima menor y la novena.

Cifrado **C9**
• La primer letra del cifrado (**C**) determina cuál es su nota fundamental.
• En los acordes en que la novena no es agregada, está implícito el uso de la 7ma. Se sintetiza el cifrado omitiendo colocar el 7 que corresponde a la séptima menor y diferenciando el cifrado con el acorde mayor con novena que lleva séptima mayor (Cmaj9).
• El número **9** indica la novena.

Nombre del acorde **Do mayor con novena**	Fórmula interválica **1 - 3 - 5 - ♭7 - 9**

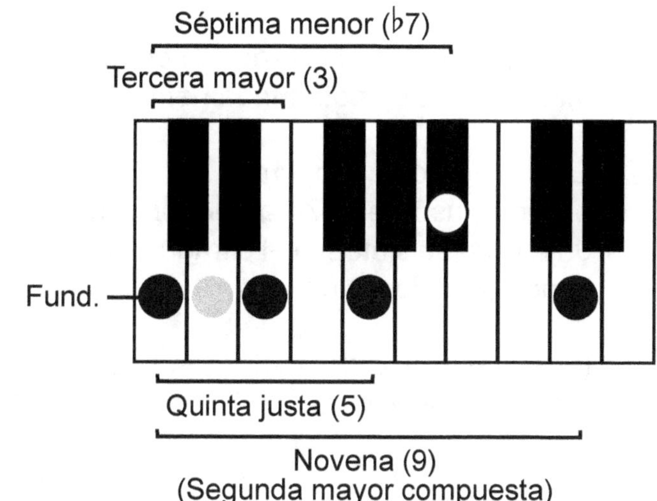

ACORDE MENOR CON SÉPTIMA MENOR Y NOVENA

A la triada menor se le agrega la séptima menor y la novena. O puede verse como un acorde menor con séptima menor con novena.

Cifrado **Cm9**
• La primer letra del cifrado (**C**) determina cuál es su nota fundamental.
• La **m**, a continuación de la fundamental, indica que se trata de un acorde de especie menor.
• En los acordes en que la novena no es agregada, está implícito el uso de la 7ma. Se sintetiza el cifrado omitiendo colocar el 7 correspondiente a la séptima menor.
• El número **9** indica la novena.

Nombre del acorde **Do menor con novena**	Fórmula interválica **1 - ♭3 - 5 - ♭7 - 9**

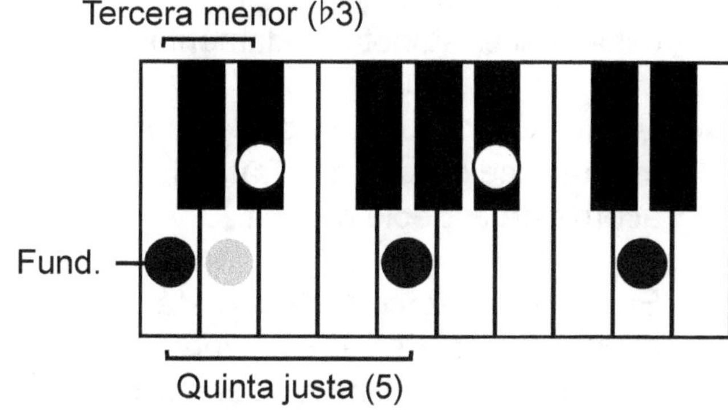

ACORDE MAYOR CON SÉPTIMA MENOR, NOVENA Y ONCENA

Al acorde mayor con séptima menor y con novena se le agrega la ocena.

Cifrado	Nombre del acorde	Fórmula interválica
C11	**Do oncena**	**1 - (3) - 5 - ♭7 - 9 - 11**

- La primer letra del cifrado (**C**) determina cuál es su nota fundamental.

- En los acordes con **11**na., está implícito el uso de la 7ma. menor y la 9na. pero se sintetiza el cifrado omitiendo su colocación.

- (3) En este tipo de acorde es habitual omitir la tercera.

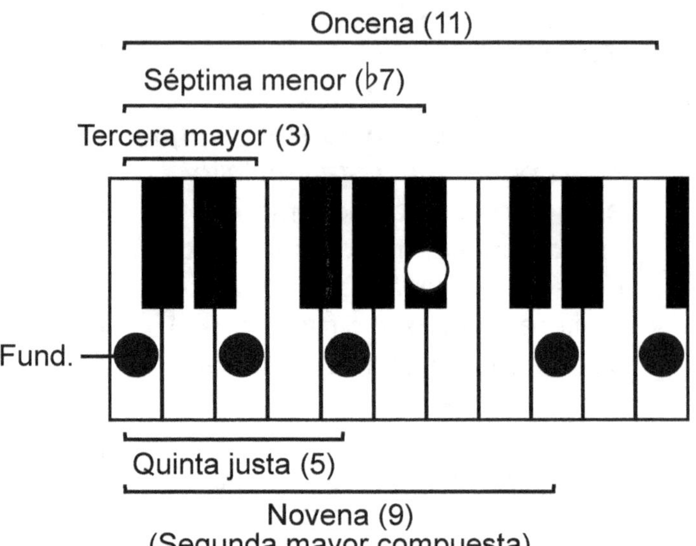

ACORDE MENOR CON SÉPTIMA MENOR, NOVENA Y ONCENA

Al acorde mayor con séptima menor y con novena se le agrega la oncena.

Cifrado	Nombre del acorde	Fórmula interválica
Cm11	**Do menor con oncena**	**1 - ♭3 - 5 - ♭7 - 9 - 11**

- La primer letra del cifrado (**C**) determina cuál es su nota fundamental.

- La **m**, a continuación de la fundamental, indica que se trata de un acorde de especie menor.

- En los acordes con **11**na., está implícito el uso de la 7ma menor y la 9na. pero se sintetiza el cifrado omitiendo su colocación.

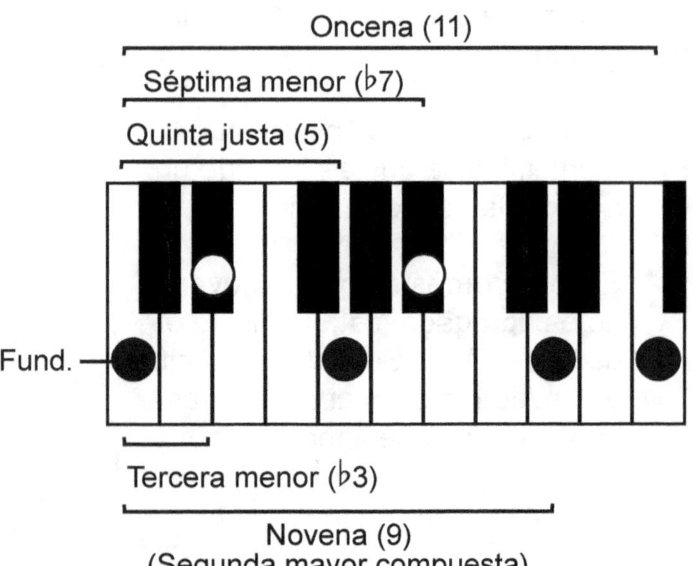

ACORDE MAYOR CON SÉPTIMA MENOR, NOVENA, ONCENA Y TRECENA

Al acorde mayor con séptima menor, se le agrega la novena, la oncena y la trecena.

Cifrado	Nombre del acorde	Fórmula interválica
C13	**Do mayor trecena**	**1 - 3 - 5 - $\flat$7 - 9 - 11 - 13**

- La primer letra del cifrado (**C**) determina cuál es su nota fundamental.

- En los acordes con **13**na., está implícito el uso de la 7ma. menor y la 9na. y la 11na., pero se sintetiza el cifrado omitiendo su colocación.

ACORDE MAYOR CON CUARTA SUSPENDIDA Y SÉPTIMA MENOR

Es un acorde mayor con séptima menor en el que se reemplaza la tercera por la cuarta.

Cifrado	Nombre del acorde	Fórmula interválica
C7sus4	**Do mayor séptima con cuarta suspendida**	**1 - 4 - 5 - $\flat$7**

- La primer letra del cifrado (**C**) determina cuál es su nota fundamental.

- El **7** indica que el acorde lleva séptima menor

- El símbolo **sus4** simboliza el remplazo de la 3ra. por la 4ta.

ACORDE MAYOR CON QUINTA DISMINUIDA Y SÉPTIMA MENOR

Es un acorde mayor con séptima menor en que se reemplaza la quinta justa por la quinta disminuida.

Cifrado **C7(♭5)**	Nombre del acorde **Do séptima con quinta disminuida**	Fórmula interválica **1 - 3 - ♭5 - ♭7**

- La primer letra del cifrado (**C**) determina cuál es su nota fundamental.

- El **7** indica que el acorde lleva séptima menor

- El símbolo (♭**5**) simboliza la disminución de la 5ta. justa.

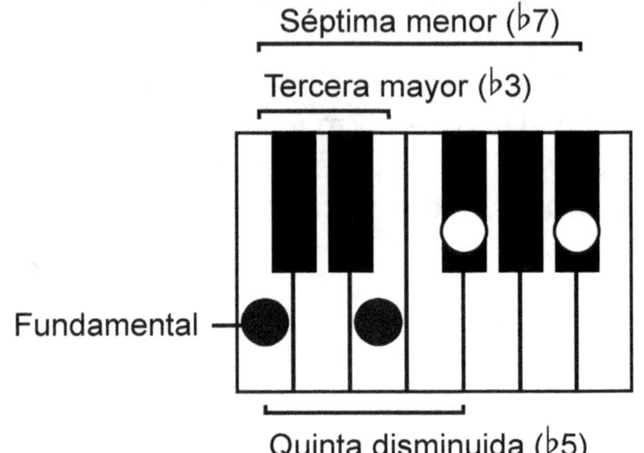

ACORDE MAYOR CON SÉPTIMA MENOR Y NOVENA MENOR

Es un acorde mayor con séptima menor al que se le agrega la novena menor.

Cifrado **C7(♭9)**	Nombre del acorde **Do séptima con novena menor**	Fórmula interválica **1 - 3 - 5 - ♭7 - ♭9**

- La primer letra del cifrado (**C**) determina cuál es su nota fundamental.

- El **7** indica que el acorde lleva séptima menor.

- El símbolo (♭**9**) simboliza que la novena es menor.

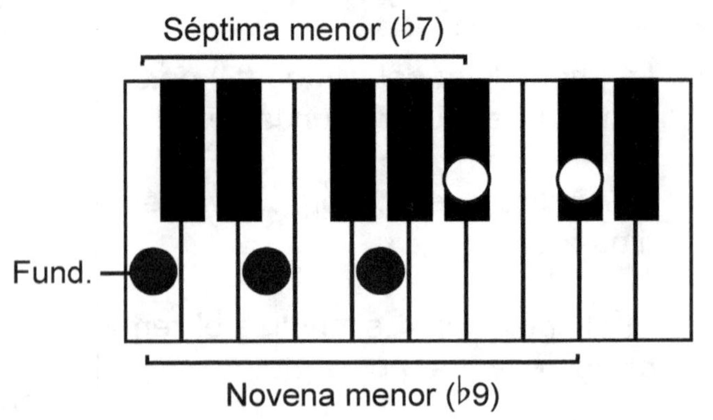

Es un acorde mayor con séptima menor al que se le agrega la novena aumentada.

Cifrado **C7(♯9)**	Nombre del acorde **Do séptima con novena aumentada**	Fórmula interválica **1 - 3 - 5 - ♭7 - ♯9**

- La **C** corresponde a la nota funda-mental.

- El **7** indica que el acorde lleva sép-tima menor

- El símbolo (♯9) simboliza que la novena es aumentada.

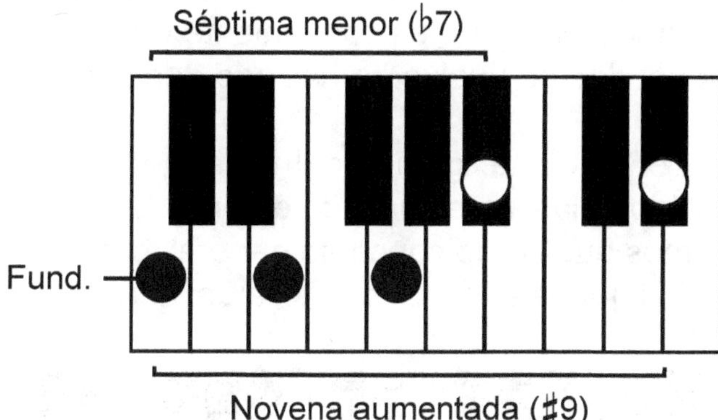

INVERSIONES

Las notas de un mismo acorde pueden ser ejecutadas ubicándolas en distintas posiciones en el teclado y según cual sea la nota que está en el lugar más grave, será el nombre que recibirá esa posición o inversión.

En el cifrado, la inversión se indica utilizando una barra (/) y luego señalando cuál es la nota que ocupa el lugar más grave, excepto en la primera posición fundamental, donde la nota más grave es la que le dá el nombre al acorde.

C7

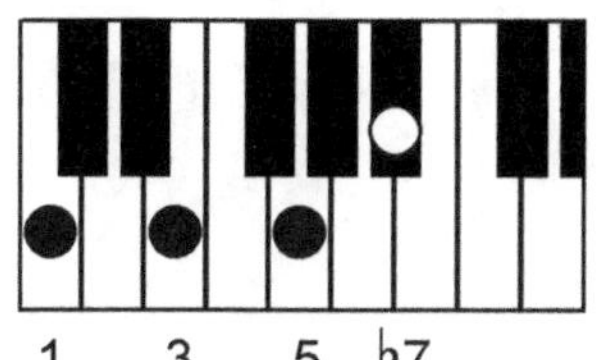

C7/E

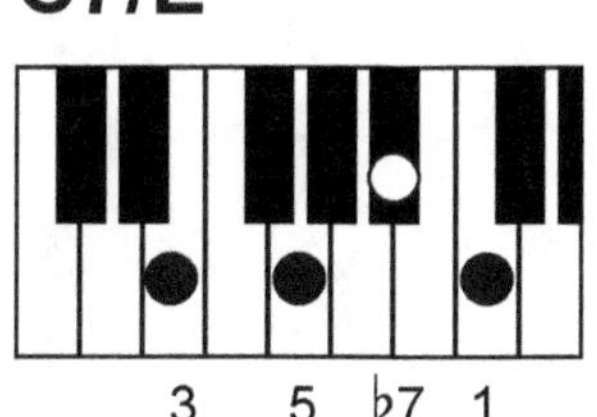

C7/G

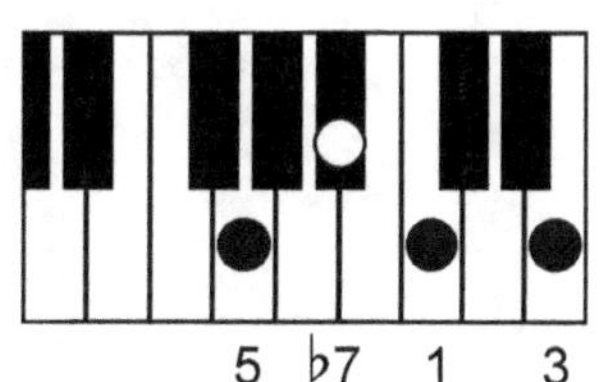

C7/B♭

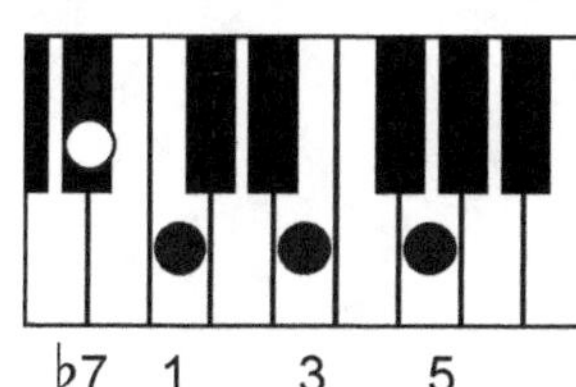

Posición fundamental
La nota más grave es la fundamental del acorde y es la que le dá el nombre al acorde.

1º inversión
La nota más grave es la tercera del acorde.
En el caso de los acordes suspendidos es la nota que reemplaza la tercera.

2º inversión
La nota más grave es la quinta del acorde.

3º inversión
La nota más grave es la sexta o séptima del acorde.

DISPOSICIONES

Los cifrados (y los gráficos que presentamos en este libro) sólo nos indican qué notas son las que contienen los acorde, y en el caso de las inversiones cuál es la nota más grave del acorde, pero no nos brindan información sobre la manera de disponerlas en el teclado. Es por eso que cuando trabajamos con cifrados podemos elegir libremente en qué octava tocar cada una de sus notas (o voces), si las tocaremos en forma contigua o cambiaremos alguna a una región mas aguda o grave.

Igualmente la experiencia nos demostrará que cuanto más nos acercamos a la región grave del teclado, no es conveniente tocar en esta zona todas las notas del acorde, ya que la sonoridad se vuelve demasiado densa y confusa.

En el siguiente gráfico del teclado verás de un modo muy general como es conveniente distribuir las voces del acorde en el teclado, o qué notas conviene tocar en cada región. Veremos que como concepto general, cuanto más agudo es el registro, podemos incluir notas más lejanas a la triada básica del acorde.

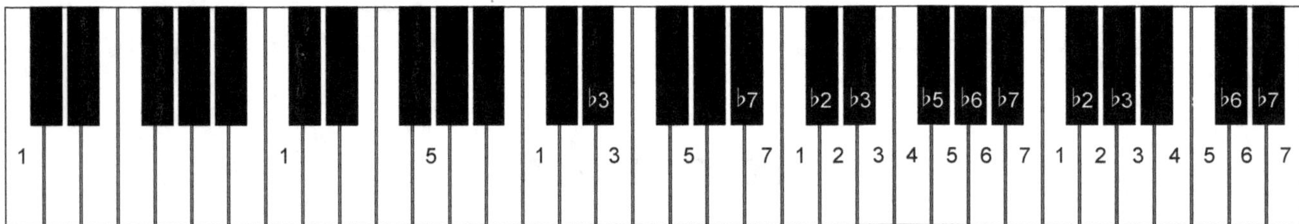

TIPOS DE ACORDES

Estos son los tipos de acordes más utilizados y presentados en este libro, con su cifrado y los intervalos que los conforman.

CIFRADO	TIPO DE ACORDE	FÓRMULA INTERVÁLICA
ACORDES TRIADA		
Cm	menor	1 - ♭3 - 5
C	Mayor	1 - 3 - 5
C°	disminuído	1 - ♭3 - ♭5
C+	aumentado	1 - 3 - ♯5
ACORDES CON LA TERCERA MODIFICADA		
C5	Quinta (con tercera omitida (Power chord)	1 - 5
Csus2	Con segunda suspendida	1 - 2 - 5
Csus4	Con cuarta suspendida	1 - 4 - 5
ACORDES CON SÉPTIMA		
Cmaj7	Mayor con séptima mayor	1 - 3 - 5 - 7
Cm7	Menor con séptima menor	1 - ♭3 - 5 - ♭7
Cmaj7	Mayor con séptima mayor	1 - 3 - 5 - 7
C7	Mayor con séptima menor	1 - 3 - 5 - ♭7
Cm7(♭5)	Disminuido con séptima menor (semidisminuido)	1 - ♭3 - ♭5 - ♭7
C°7	Disminuido con séptima disminuida (Disminuido)	1 - ♭3 - ♭5 - ♭♭7
Cmaj7(♯5)	Aumentado con sépima mayor	1 - 3 - ♯5 - 7
C+7	Aumentado con séptima menor	1 - 3 - ♯5 - ♭7
ACORDES TRÍADA CON TENSIONES AGREGADAS		
Cm(add4)	Menor con cuarta agregada	1 - ♭3 - 4 - 5
Cadd9	Mayor con novena agregada	1 - 3 - 5 - 9
Cm(add9)	Menor con novena agregada	1 - ♭3 - 5 - 9
C6	Mayor con sexta	1 - 3 - 5 - 6
Cm6	Menor con sexta	1 - ♭3 - 5 - 6
ACORDES DE SÉPTIMA CON TENSIONES		
Cmaj9	Mayor con séptima mayor y novena	1 - 3 - 5 - 7 - 9
C9	Mayor con séptima menor y novena	1 - 3 - 5 - ♭7 - 9
Cm9	Menor con séptima menor y novena	1 - ♭3 - 5 - ♭7 - 9
C11	Mayor con séptima menor, novena y oncena	1 - (3) - 5 - ♭7 - 9 - 11
Cm11	Menor con séptima menor, novena y oncena	1 - ♭3 - 5 - ♭7 - 9 - 11
C13	Mayor con séptima menor, novena, oncena y trecena	1 - 3 - 5 - ♭7 - 9 - (11) - 13
C7sus4	Mayor con cuarta suspendida y séptima menor	1 - 4 - 5 - ♭7
C7(♭5)	Mayor con quinta disminuida y séptima menor	1 - 3 - ♭5 - ♭7
C7(♭9)	Mayor con séptima menor y novena menor	1 - 3 - 5 - ♭7 - ♭9
C7(♯9)	Mayor con séptima menor y novena aumentada	1 - 3 - 5 - ♭7 - ♯9

( ) Las notas entre paréntesis pueden omitirse.

C

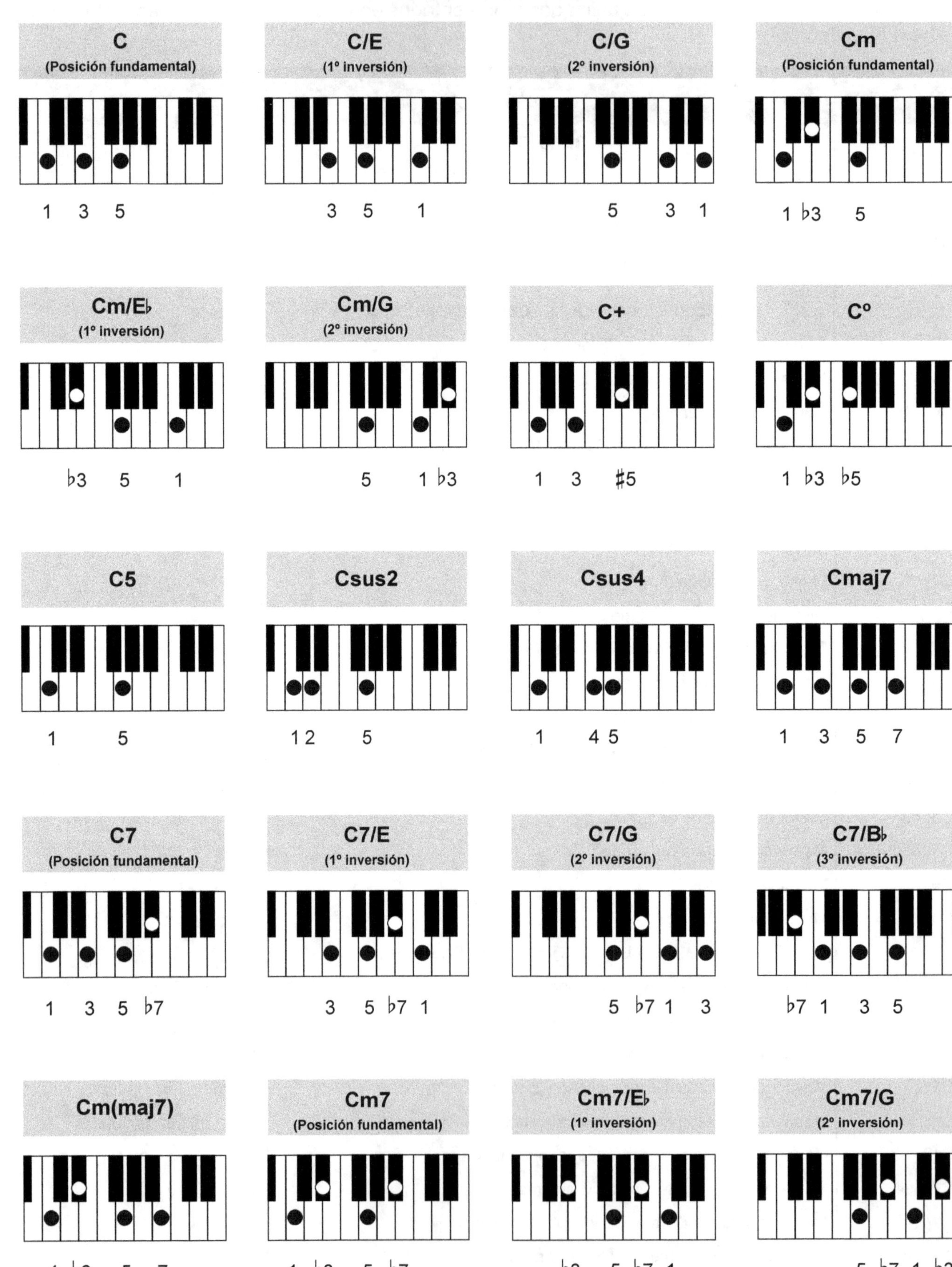

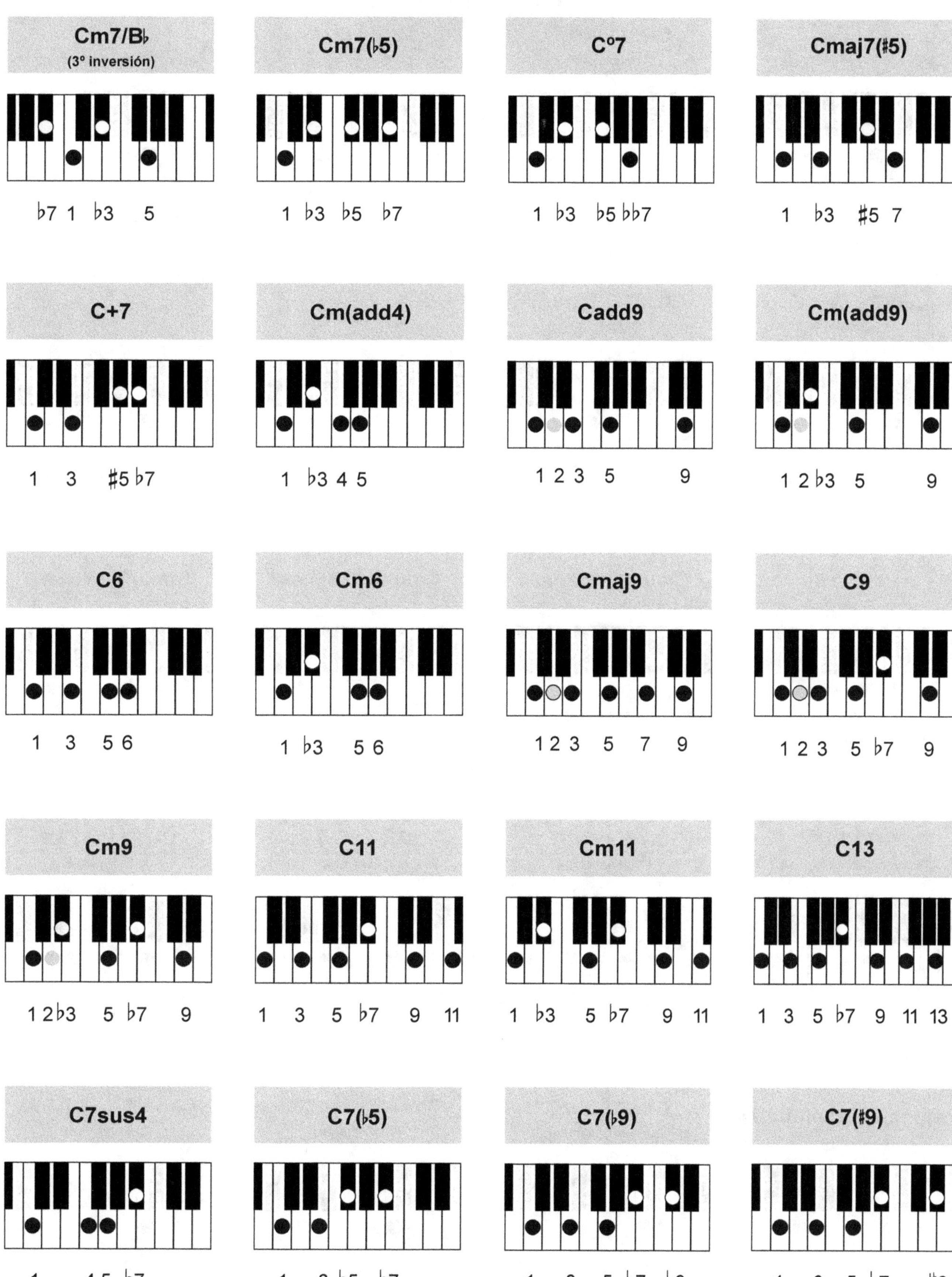

Cm7/B♭
(3° inversión)
♭7 1 ♭3 5

Cm7(♭5)
1 ♭3 ♭5 ♭7

C°7
1 ♭3 ♭5 ♭♭7

Cmaj7(♯5)
1 ♭3 ♯5 7

C+7
1 3 ♯5 ♭7

Cm(add4)
1 ♭3 4 5

Cadd9
1 2 3 5 9

Cm(add9)
1 2 ♭3 5 9

C6
1 3 5 6

Cm6
1 ♭3 5 6

Cmaj9
1 2 3 5 7 9

C9
1 2 3 5 ♭7 9

Cm9
1 2 ♭3 5 ♭7 9

C11
1 3 5 ♭7 9 11

Cm11
1 ♭3 5 ♭7 9 11

C13
1 3 5 ♭7 9 11 13

C7sus4
1 4 5 ♭7

C7(♭5)
1 3 ♭5 ♭7

C7(♭9)
1 3 5 ♭7 ♭9

C7(♯9)
1 3 5 ♭7 ♯9

C# | D♭

C# | D♭
(Posición fundamental)
1 3 5

C#/E# | D♭/F
(1° inversión)
3 5 1

C#/G# | D♭/A♭
(2° inversión)
5 3 1

C#m | D♭m
(Posición fundamental)
1 ♭3 5

C#m/E | D♭m/F♭
(1° inversión)
♭3 5 1

C#m/G# | D♭m/A♭
(2° inversión)
5 1 ♭3

C#+ | D♭+
1 3 #5

C#° | D♭°
1 ♭3 ♭5

C#5 | D♭5
1 5

C#sus2 | D♭sus2
1 2 5

C#sus4 | D♭sus4
1 4 5

C#maj7 | D♭maj7
1 3 5 7

C#7 | D♭7
(Posición fundamental)
1 3 5 ♭7

C#7/E | D♭7/F
(1° inversión)
3 5 ♭7 1

C#7/G# | D♭7/A♭
(2° inversión)
5 ♭7 1 3

C#7/B | D♭7/C♭
(3° inversión)
♭7 1 3 5

C#m(maj7) | D♭m(maj7)
1 ♭3 5 7

C#m7 | D♭m7
(Posición fundamental)
1 ♭3 5 ♭7

C#m7/E | D♭m7/F♭
(1° inversión)
♭3 5 ♭7 1

C#m7/G# | D♭m7/A♭
(2° inversión)
5 ♭7 1 ♭3

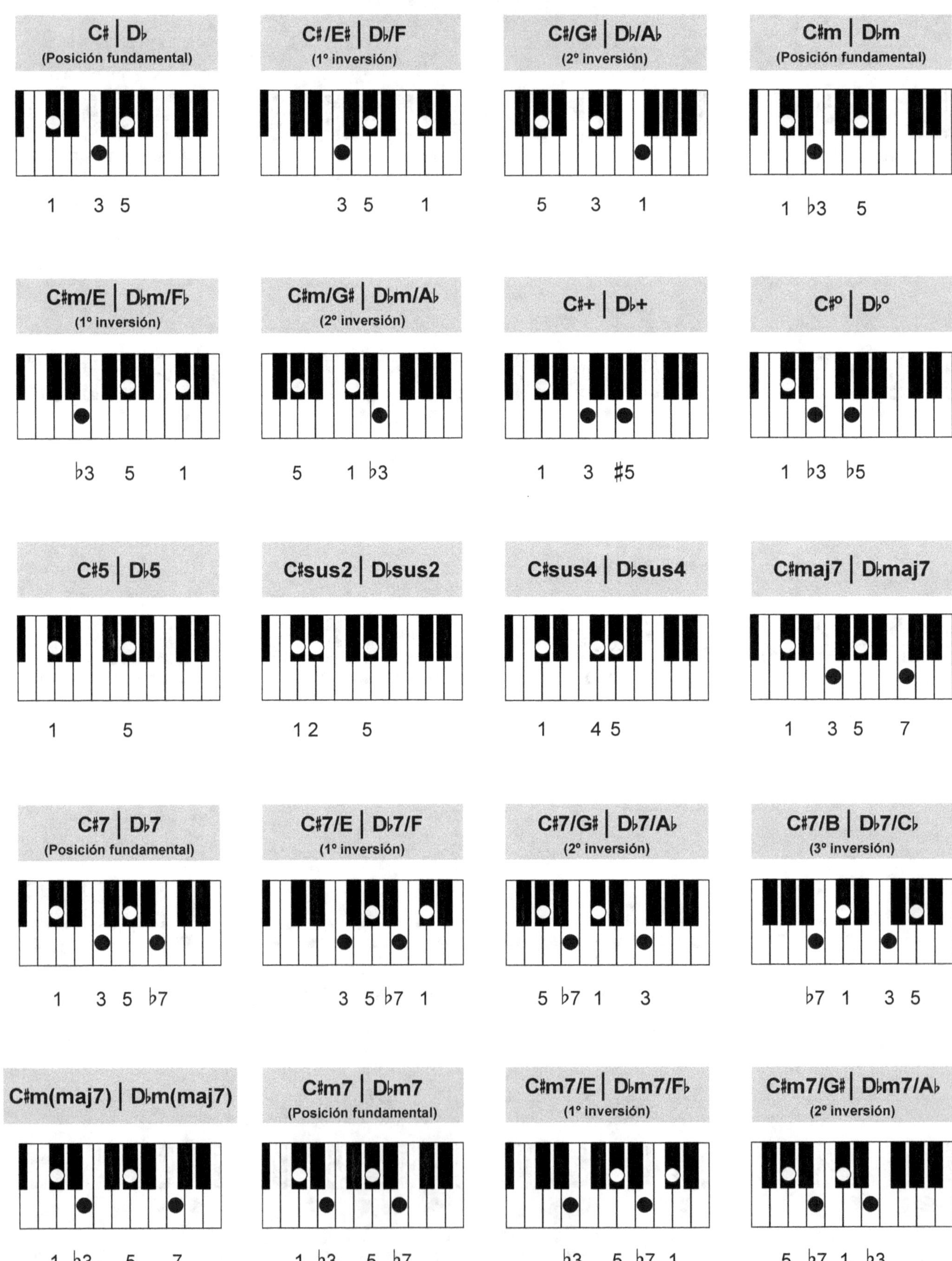

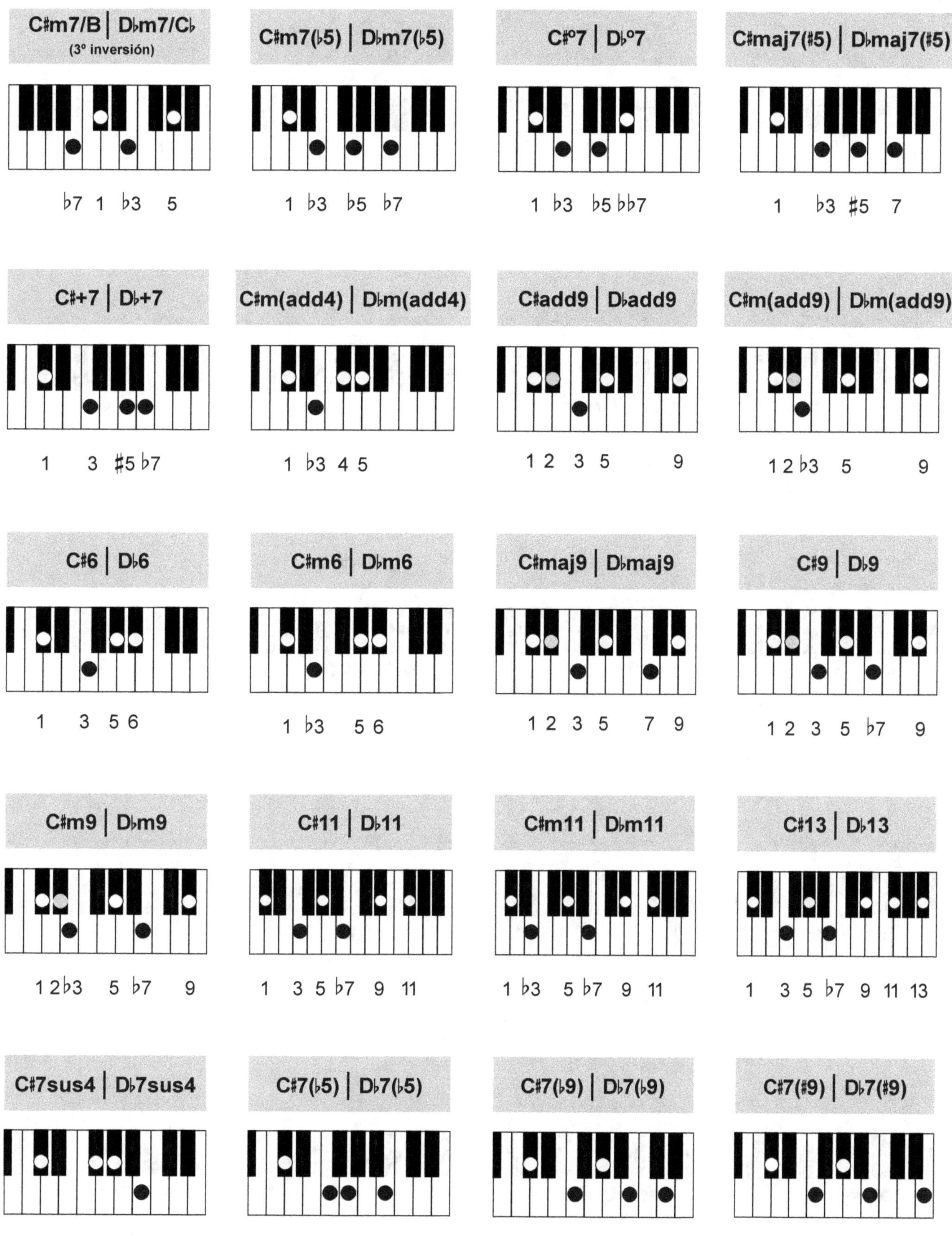

C#m7/B | D♭m7/C♭
(3º inversión)
♭7 1 ♭3 5

C#m7(♭5) | D♭m7(♭5)
1 ♭3 ♭5 ♭7

C#°7 | D♭°7
1 ♭3 ♭5 ♭♭7

C#maj7(#5) | D♭maj7(#5)
1 ♭3 #5 7

C#+7 | D♭+7
1 3 #5 ♭7

C#m(add4) | D♭m(add4)
1 ♭3 4 5

C#add9 | D♭add9
1 2 3 5 9

C#m(add9) | D♭m(add9)
1 2 ♭3 5 9

C#6 | D♭6
1 3 5 6

C#m6 | D♭m6
1 ♭3 5 6

C#maj9 | D♭maj9
1 2 3 5 7 9

C#9 | D♭9
1 2 3 5 ♭7 9

C#m9 | D♭m9
1 2 ♭3 5 ♭7 9

C#11 | D♭11
1 3 5 ♭7 9 11

C#m11 | D♭m11
1 ♭3 5 ♭7 9 11

C#13 | D♭13
1 3 5 ♭7 9 11 13

C#7sus4 | D♭7sus4
1 4 5 ♭7

C#7(♭5) | D♭7(♭5)
1 3 ♭5 ♭7

C#7(♭9) | D♭7(♭9)
1 3 5 ♭7 ♭9

C#7(#9) | D♭7(#9)
1 3 5 ♭7 #9

D

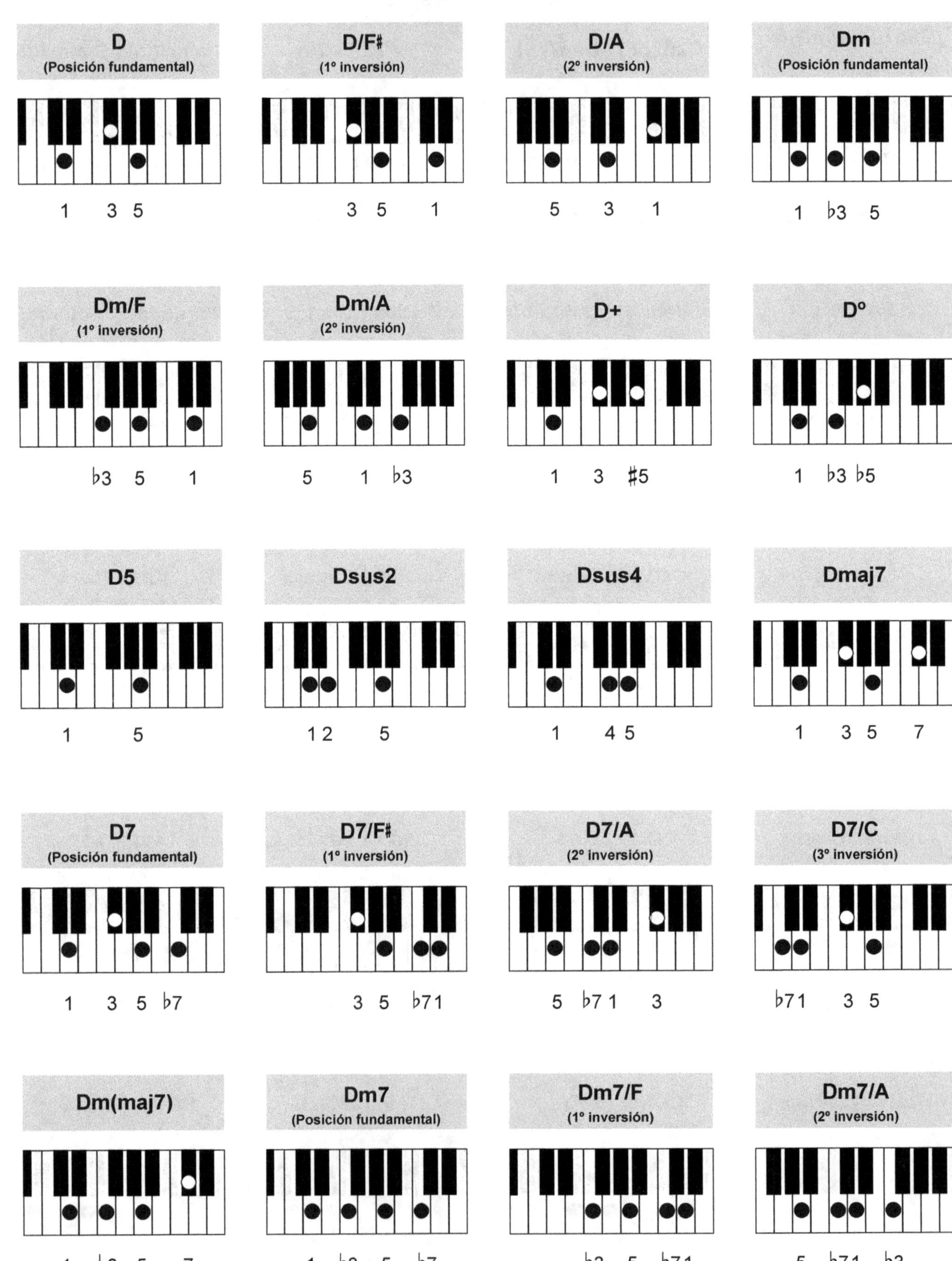
D
(Posición fundamental)
1 3 5

D/F#
(1° inversión)
3 5 1

D/A
(2° inversión)
5 3 1

Dm
(Posición fundamental)
1 ♭3 5

Dm/F
(1° inversión)
♭3 5 1

Dm/A
(2° inversión)
5 1 ♭3

D+
1 3 #5

D°
1 ♭3 ♭5

D5
1 5

Dsus2
1 2 5

Dsus4
1 4 5

Dmaj7
1 3 5 7

D7
(Posición fundamental)
1 3 5 ♭7

D7/F#
(1° inversión)
3 5 ♭7 1

D7/A
(2° inversión)
5 ♭7 1 3

D7/C
(3° inversión)
♭7 1 3 5

Dm(maj7)
1 ♭3 5 7

Dm7
(Posición fundamental)
1 ♭3 5 ♭7

Dm7/F
(1° inversión)
♭3 5 ♭7 1

Dm7/A
(2° inversión)
5 ♭7 1 ♭3

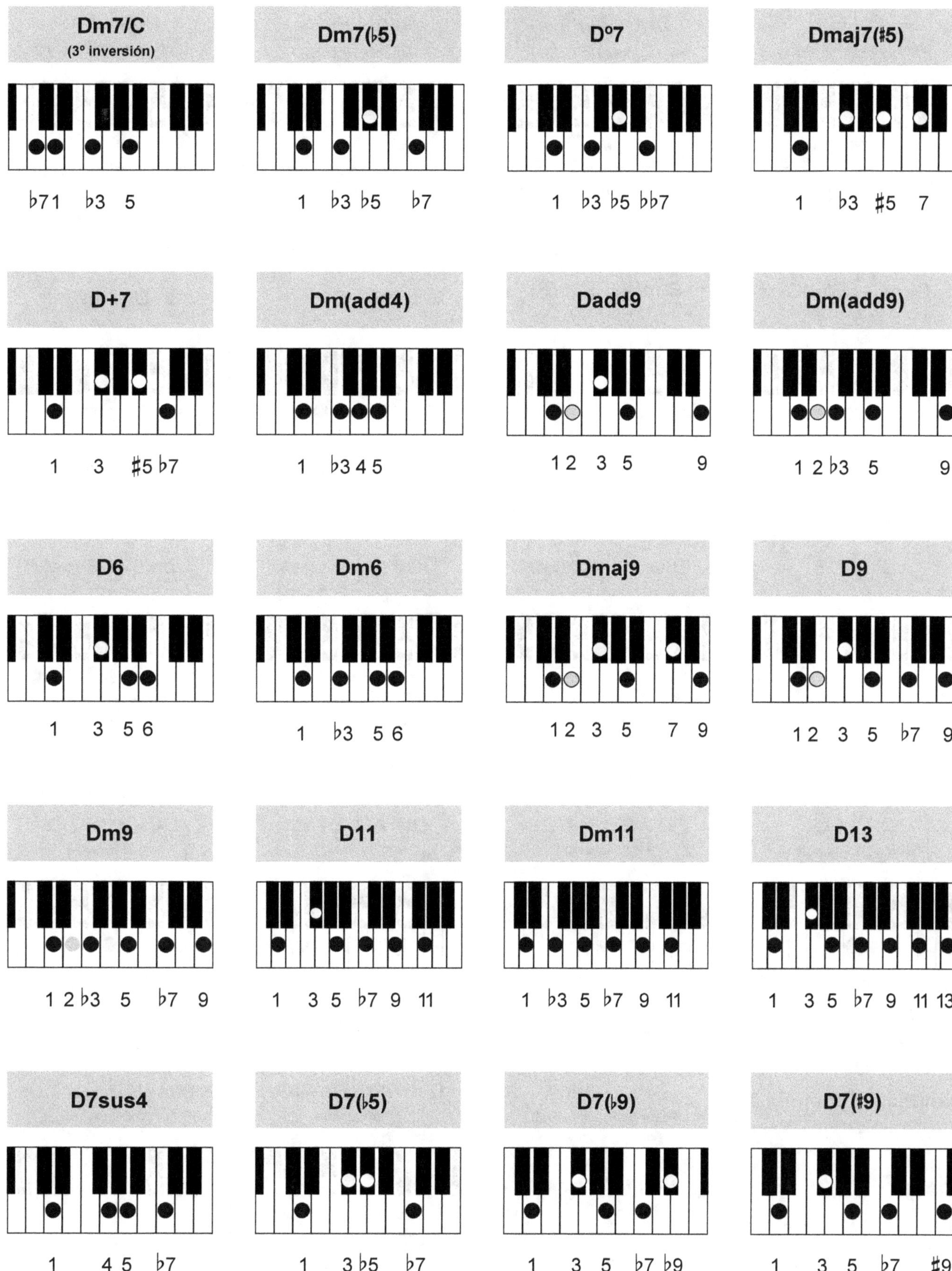

Dm7/C (3° inversión)
♭7 1 ♭3 5

Dm7(♭5)
1 ♭3 ♭5 ♭7

D°7
1 ♭3 ♭5 ♭♭7

Dmaj7(♯5)
1 ♭3 ♯5 7

D+7
1 3 ♯5 ♭7

Dm(add4)
1 ♭3 4 5

Dadd9
1 2 3 5 9

Dm(add9)
1 2 ♭3 5 9

D6
1 3 5 6

Dm6
1 ♭3 5 6

Dmaj9
1 2 3 5 7 9

D9
1 2 3 5 ♭7 9

Dm9
1 2 ♭3 5 ♭7 9

D11
1 3 5 ♭7 9 11

Dm11
1 ♭3 5 ♭7 9 11

D13
1 3 5 ♭7 9 11 13

D7sus4
1 4 5 ♭7

D7(♭5)
1 3 ♭5 ♭7

D7(♭9)
1 3 5 ♭7 ♭9

D7(♯9)
1 3 5 ♭7 ♯9

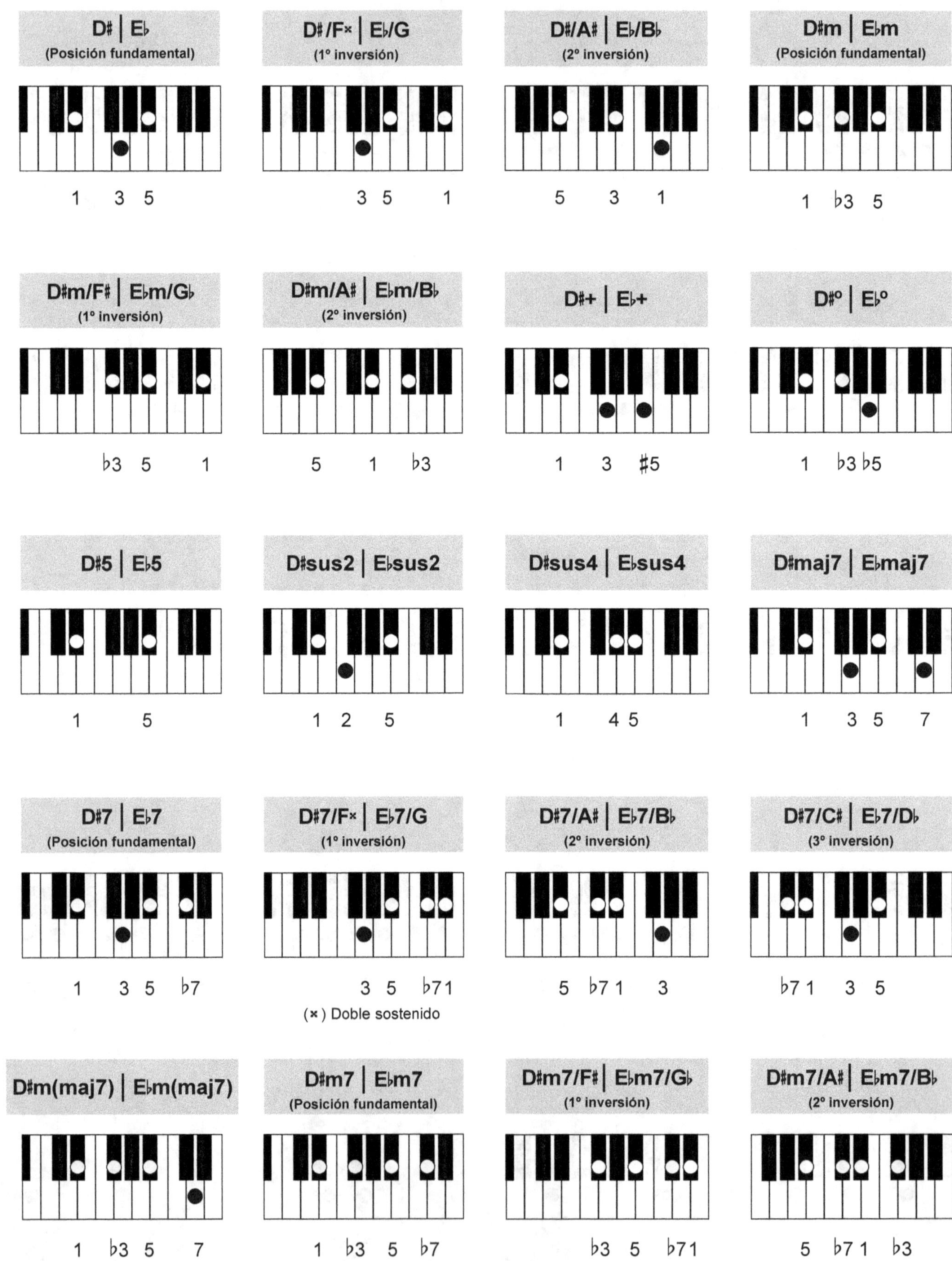

D# | E♭
(Posición fundamental)
1 3 5

D#/F× | E♭/G
(1° inversión)
3 5 1

D#/A# | E♭/B♭
(2° inversión)
5 3 1

D#m | E♭m
(Posición fundamental)
1 ♭3 5

D#m/F# | E♭m/G♭
(1° inversión)
♭3 5 1

D#m/A# | E♭m/B♭
(2° inversión)
5 1 ♭3

D#+ | E♭+
1 3 #5

D#° | E♭°
1 ♭3 ♭5

D#5 | E♭5
1 5

D#sus2 | E♭sus2
1 2 5

D#sus4 | E♭sus4
1 4 5

D#maj7 | E♭maj7
1 3 5 7

D#7 | E♭7
(Posición fundamental)
1 3 5 ♭7

D#7/F× | E♭7/G
(1° inversión)
3 5 ♭7 1
(×) Doble sostenido

D#7/A# | E♭7/B♭
(2° inversión)
5 ♭7 1 3

D#7/C# | E♭7/D♭
(3° inversión)
♭7 1 3 5

D#m(maj7) | E♭m(maj7)
1 ♭3 5 7

D#m7 | E♭m7
(Posición fundamental)
1 ♭3 5 ♭7

D#m7/F# | E♭m7/G♭
(1° inversión)
♭3 5 ♭7 1

D#m7/A# | E♭m7/B♭
(2° inversión)
5 ♭7 1 ♭3

D♯ | E♭

D♯m7/C♯ | E♭m7/D♭
(3º inversión)
♭7 1   ♭3   5

D♯m7(♭5) | E♭m7(♭5)
1   ♭3 ♭5   ♭7

D♯°7 | E♭°7
1   ♭3 ♭5 ♭♭7

D♯maj7(♯5) | E♭maj7(♯5)
1   ♭3   ♯5   7

D♯+7 | E♭+7
1   3   ♯5 ♭7

D♯m(add4) | E♭m(add4)
1   ♭3 4 5

D♯add9 | E♭add9
1 2 3 5   9

D♯m(add9) | E♭m(add9)
1 2♭3 5   9

D♯6 | E♭6
1   3 5 6

D♯m6 | E♭m6
1 ♭3 5 6

D♯maj9 | E♭maj9
1 2 3 5 7 9

D♯9 | E♭9
1 2 3 5 ♭7 9

D♯m9 | E♭m9
1 2♭3 5 ♭7 9

D♯11 | E♭11
1 3 5 ♭7 9 11

D♯m11 | E♭m11
1 ♭3 5 ♭7 9 11

D♯13 | E♭13
1 3 5 ♭7 9 11 13

D♯7sus4 | E♭7sus4
1 4 5 ♭7

D♯7(♭5) | E♭7(♭5)
1 3 ♭5 ♭7

D♯7(♭9) | E♭7(♭9)
1 3 5 ♭7 ♭9

D♯7(♯9) | E♭7(♯9)
1 3 5 ♭7 ♯9

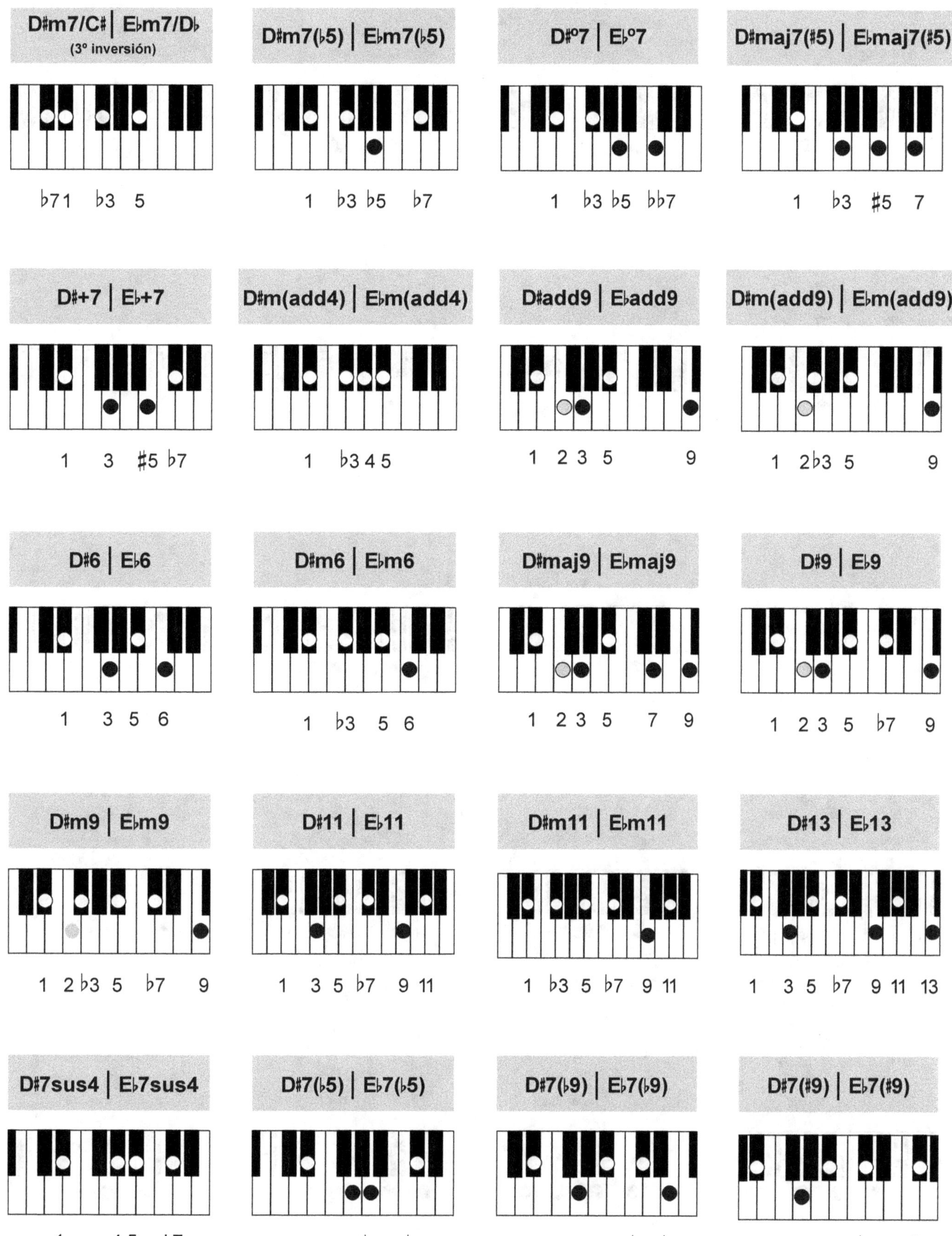

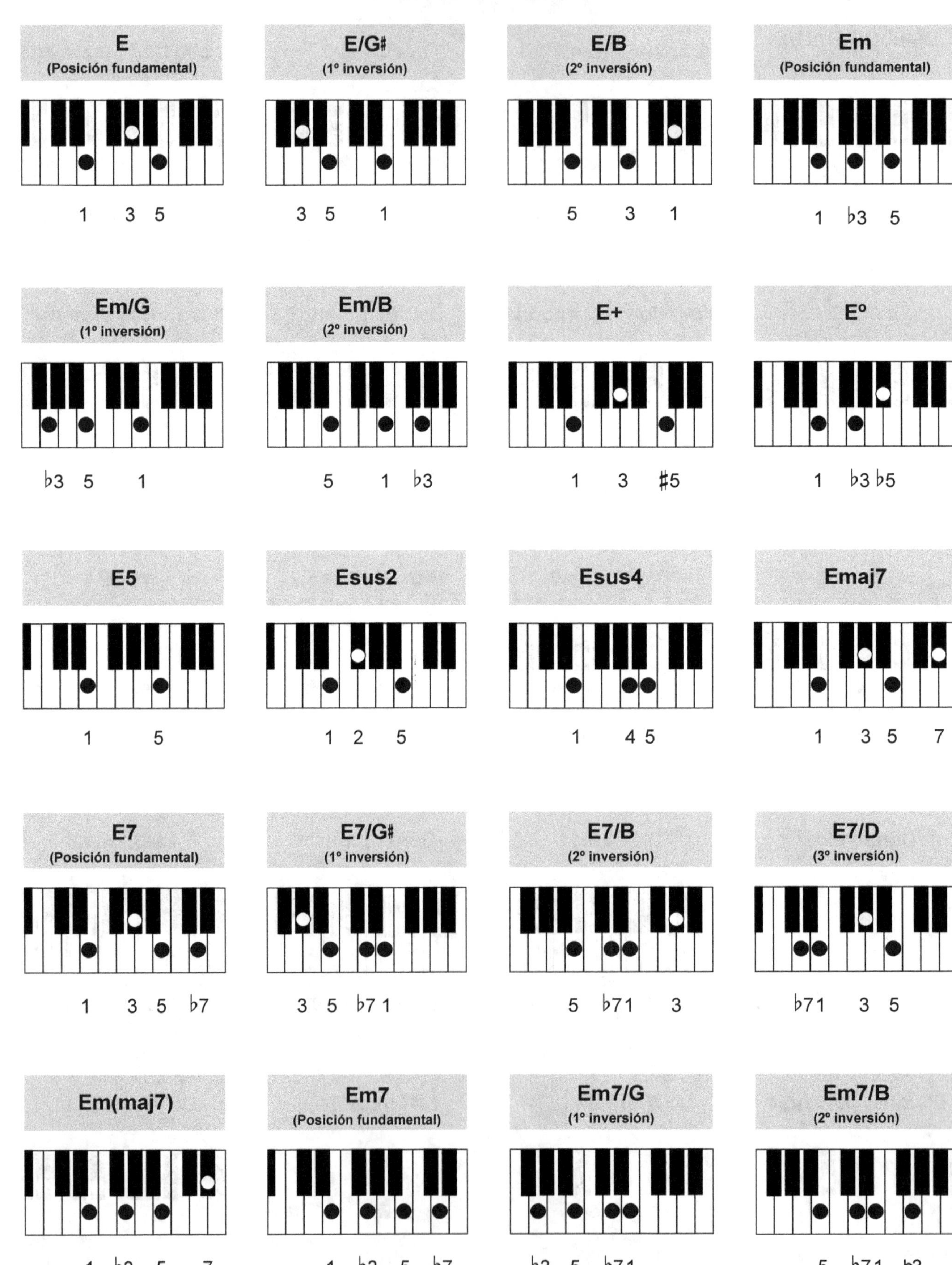

E
(Posición fundamental)
1 3 5

E/G#
(1º inversión)
3 5 1

E/B
(2º inversión)
5 3 1

Em
(Posición fundamental)
1 ♭3 5

Em/G
(1º inversión)
♭3 5 1

Em/B
(2º inversión)
5 1 ♭3

E+
1 3 #5

E°
1 ♭3 ♭5

E5
1 5

Esus2
1 2 5

Esus4
1 4 5

Emaj7
1 3 5 7

E7
(Posición fundamental)
1 3 5 ♭7

E7/G#
(1º inversión)
3 5 ♭7 1

E7/B
(2º inversión)
5 ♭7 1 3

E7/D
(3º inversión)
♭7 1 3 5

Em(maj7)
1 ♭3 5 7

Em7
(Posición fundamental)
1 ♭3 5 ♭7

Em7/G
(1º inversión)
♭3 5 ♭7 1

Em7/B
(2º inversión)
5 ♭7 1 ♭3

E

Em7/D
(3º inversión)
♭7 1 ♭3 5

Em7(♭5)
1 ♭3 ♭5 ♭7

E°7
1 ♭3 ♭5 ♭♭7

Emaj7(♯5)
1 ♭3 ♯5 7

E+7
1 3 ♯5 ♭7

Em(add4)
1 ♭3 4 5

Eadd9
1 2 3 5 9

Em(add9)
1 2♭3 5 9

E6
1 3 5 6

Em6
1 ♭3 5 6

Emaj9
1 2 3 5 7 9

E9
1 2 3 5 ♭7 9

Em9
1 2♭3 5 ♭7 9

E11
1 3 5 ♭7 9 11

Em11
1 ♭3 5 ♭7 9 11

E13
1 3 5 ♭7 9 11 13

E7sus4
1 4 5 ♭7

E7(♭5)
1 3♭5 ♭7

E7(♭9)
1 3 5 ♭7 ♭9

E7(♯9)
1 3 5 ♭7 ♯9

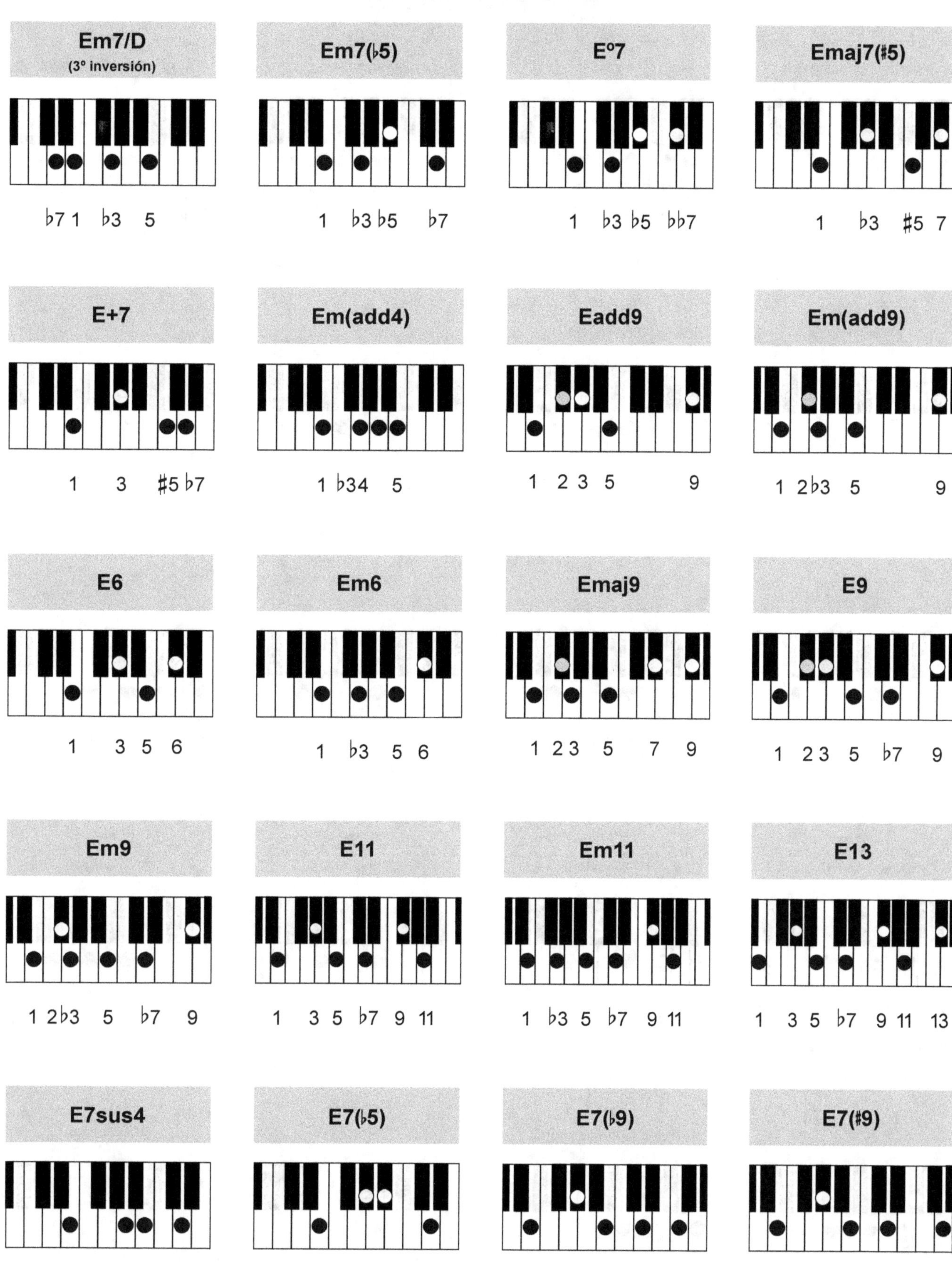

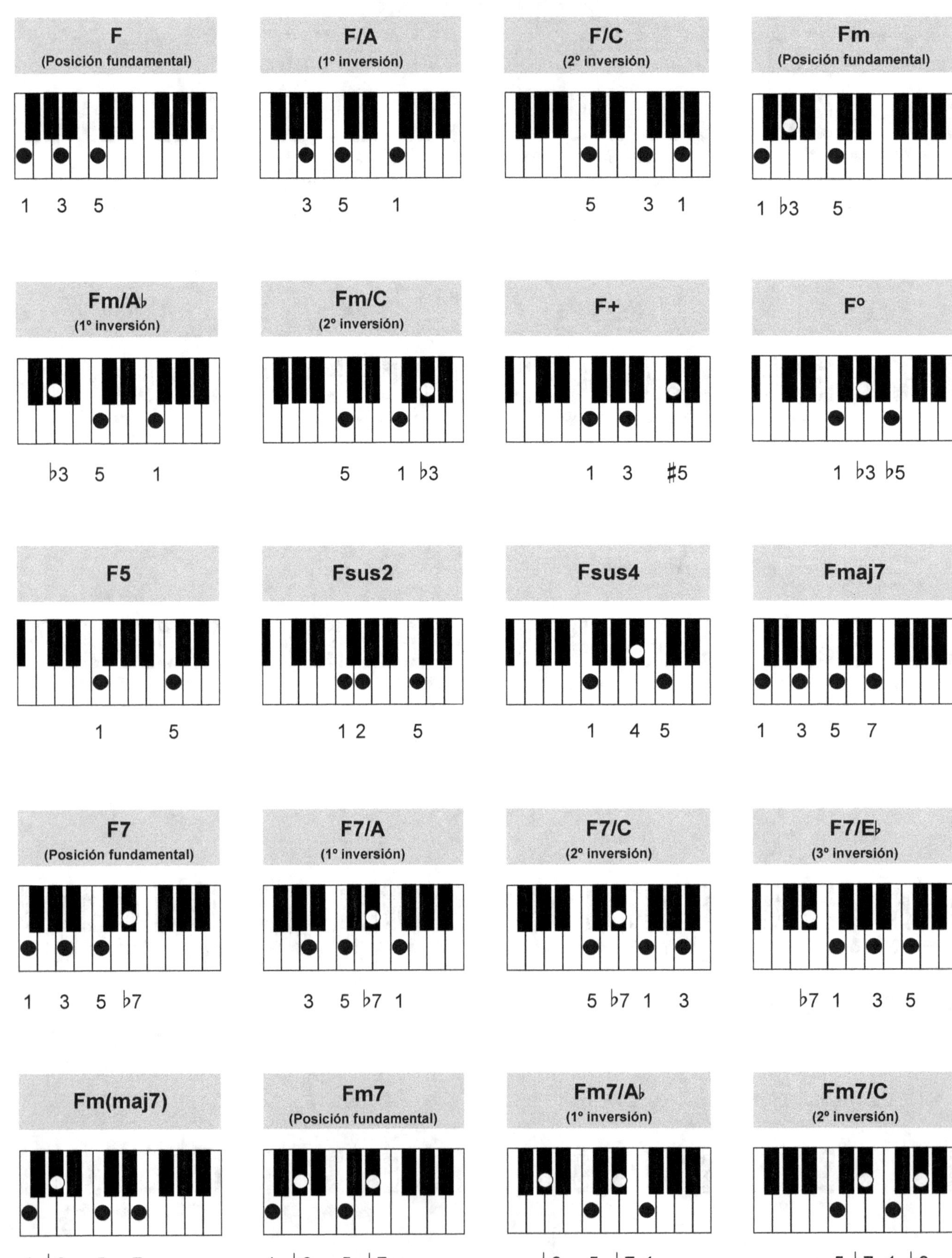

F
(Posición fundamental)
1 3 5

F/A
(1° inversión)
3 5 1

F/C
(2° inversión)
5 3 1

Fm
(Posición fundamental)
1 ♭3 5

Fm/A♭
(1° inversión)
♭3 5 1

Fm/C
(2° inversión)
5 1 ♭3

F+
1 3 ♯5

F°
1 ♭3 ♭5

F5
1 5

Fsus2
1 2 5

Fsus4
1 4 5

Fmaj7
1 3 5 7

F7
(Posición fundamental)
1 3 5 ♭7

F7/A
(1° inversión)
3 5 ♭7 1

F7/C
(2° inversión)
5 ♭7 1 3

F7/E♭
(3° inversión)
♭7 1 3 5

Fm(maj7)
1 ♭3 5 7

Fm7
(Posición fundamental)
1 ♭3 5 ♭7

Fm7/A♭
(1° inversión)
♭3 5 ♭7 1

Fm7/C
(2° inversión)
5 ♭7 1 ♭3

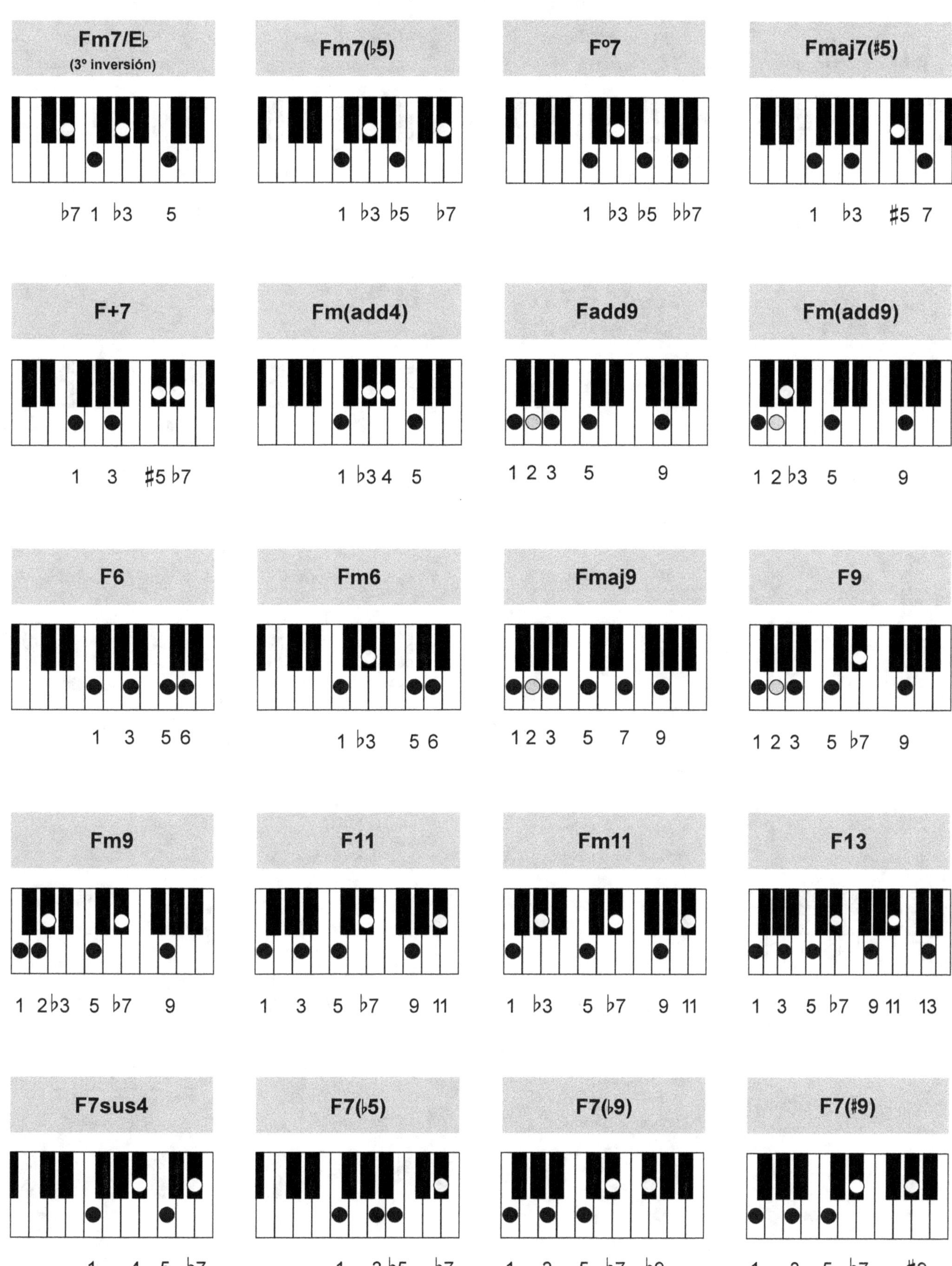

Fm7/E♭ (3° inversión)
♭7 1 ♭3 5

Fm7(♭5)
1 ♭3 ♭5 ♭7

F°7
1 ♭3 ♭5 ♭♭7

Fmaj7(♯5)
1 ♭3 ♯5 7

F+7
1 3 ♯5 ♭7

Fm(add4)
1 ♭3 4 5

Fadd9
1 2 3 5 9

Fm(add9)
1 2 ♭3 5 9

F6
1 3 5 6

Fm6
1 ♭3 5 6

Fmaj9
1 2 3 5 7 9

F9
1 2 3 5 ♭7 9

Fm9
1 2 ♭3 5 ♭7 9

F11
1 3 5 ♭7 9 11

Fm11
1 ♭3 5 ♭7 9 11

F13
1 3 5 ♭7 9 11 13

F7sus4
1 4 5 ♭7

F7(♭5)
1 3 ♭5 ♭7

F7(♭9)
1 3 5 ♭7 ♭9

F7(♯9)
1 3 5 ♭7 ♯9

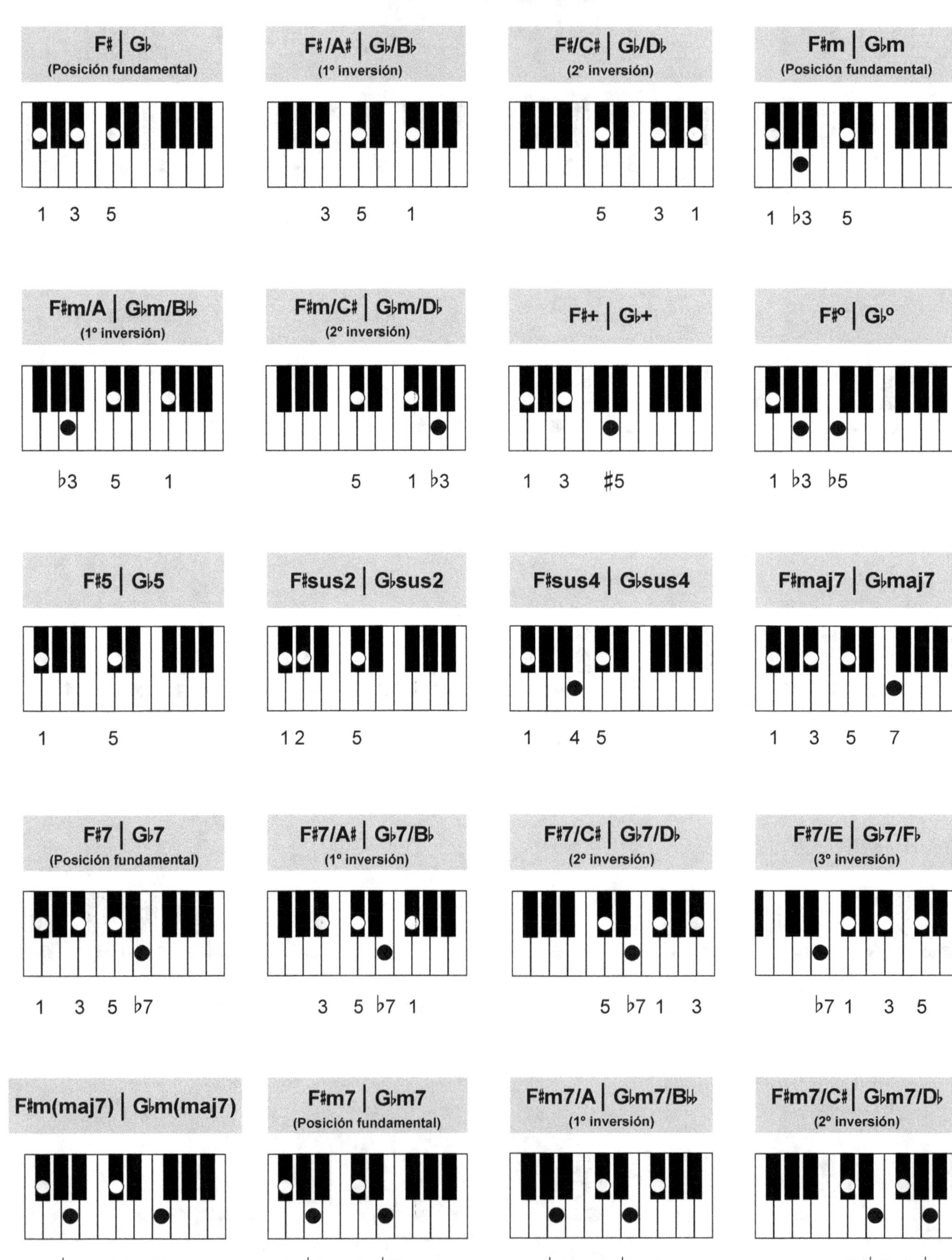

F# | G♭
(Posición fundamental)
1 3 5

F#/A# | G♭/B♭
(1° inversión)
3 5 1

F#/C# | G♭/D♭
(2° inversión)
5 3 1

F#m | G♭m
(Posición fundamental)
1 ♭3 5

F#m/A | G♭m/B♭♭
(1° inversión)
♭3 5 1

F#m/C# | G♭m/D♭
(2° inversión)
5 1 ♭3

F#+ | G♭+
1 3 #5

F#° | G♭°
1 ♭3 ♭5

F#5 | G♭5
1 5

F#sus2 | G♭sus2
1 2 5

F#sus4 | G♭sus4
1 4 5

F#maj7 | G♭maj7
1 3 5 7

F#7 | G♭7
(Posición fundamental)
1 3 5 ♭7

F#7/A# | G♭7/B♭
(1° inversión)
3 5 ♭7 1

F#7/C# | G♭7/D♭
(2° inversión)
5 ♭7 1 3

F#7/E | G♭7/F♭
(3° inversión)
♭7 1 3 5

F#m(maj7) | G♭m(maj7)
1 ♭3 5 7

F#m7 | G♭m7
(Posición fundamental)
1 ♭3 5 ♭7

F#m7/A | G♭m7/B♭
(1° inversión)
♭3 5 ♭7 1

F#m7/C# | G♭m7/D♭
(2° inversión)
5 ♭7 1 ♭3

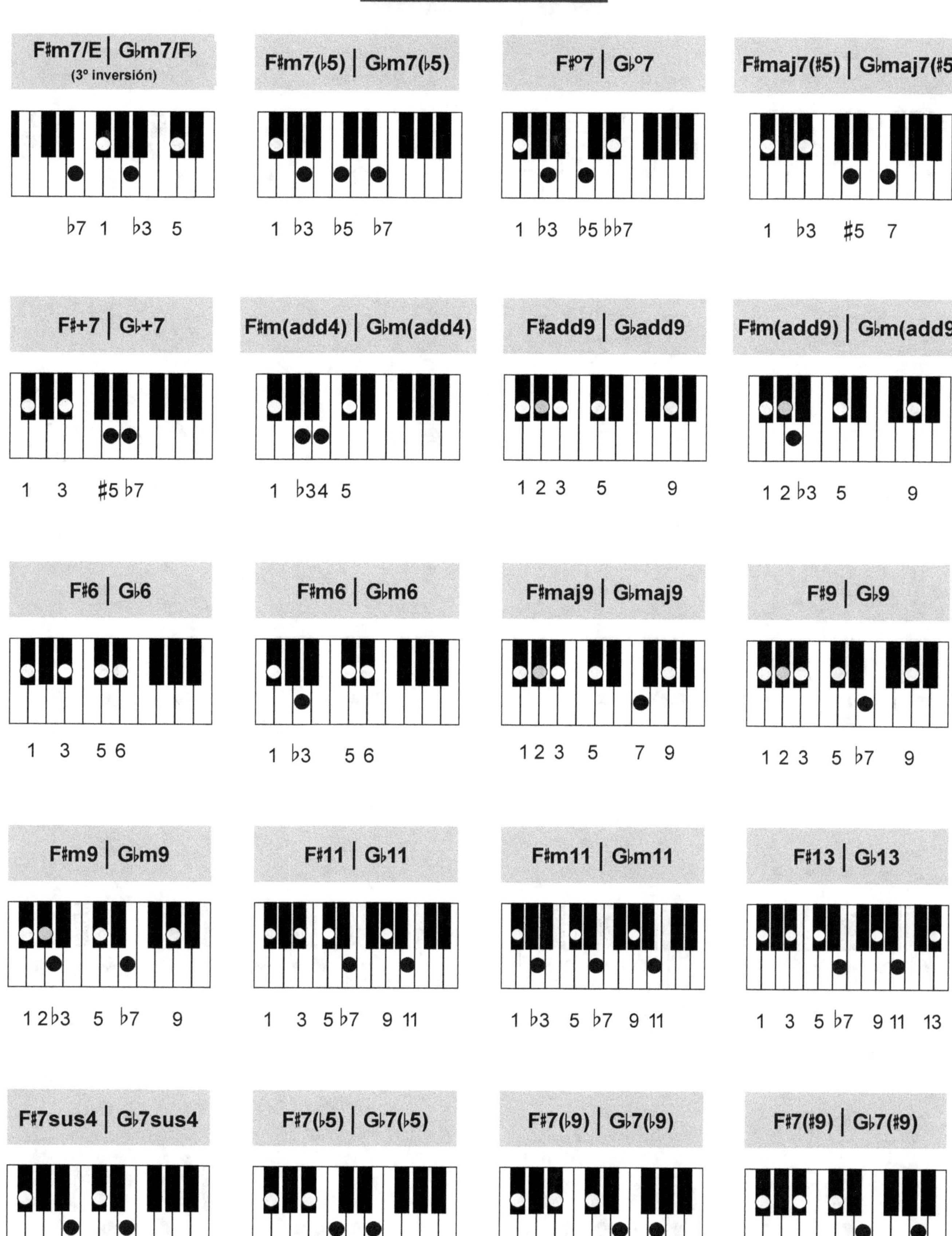

F#m7/E | G♭m7/F♭
(3° inversión)
♭7 1 ♭3 5

F#m7(♭5) | G♭m7(♭5)
1 ♭3 ♭5 ♭7

F#°7 | G♭°7
1 ♭3 ♭5 ♭♭7

F#maj7(#5) | G♭maj7(#5)
1 ♭3 #5 7

F#+7 | G♭+7
1 3 #5 ♭7

F#m(add4) | G♭m(add4)
1 ♭3 4 5

F#add9 | G♭add9
1 2 3 5 9

F#m(add9) | G♭m(add9)
1 2 ♭3 5 9

F#6 | G♭6
1 3 5 6

F#m6 | G♭m6
1 ♭3 5 6

F#maj9 | G♭maj9
1 2 3 5 7 9

F#9 | G♭9
1 2 3 5 ♭7 9

F#m9 | G♭m9
1 2 ♭3 5 ♭7 9

F#11 | G♭11
1 3 5 ♭7 9 11

F#m11 | G♭m11
1 ♭3 5 ♭7 9 11

F#13 | G♭13
1 3 5 ♭7 9 11 13

F#7sus4 | G♭7sus4
1 4 5 ♭7

F#7(♭5) | G♭7(♭5)
1 3 ♭5 ♭7

F#7(♭9) | G♭7(♭9)
1 3 5 ♭7 ♭9

F#7(#9) | G♭7(#9)
1 3 5 ♭7 #9

G

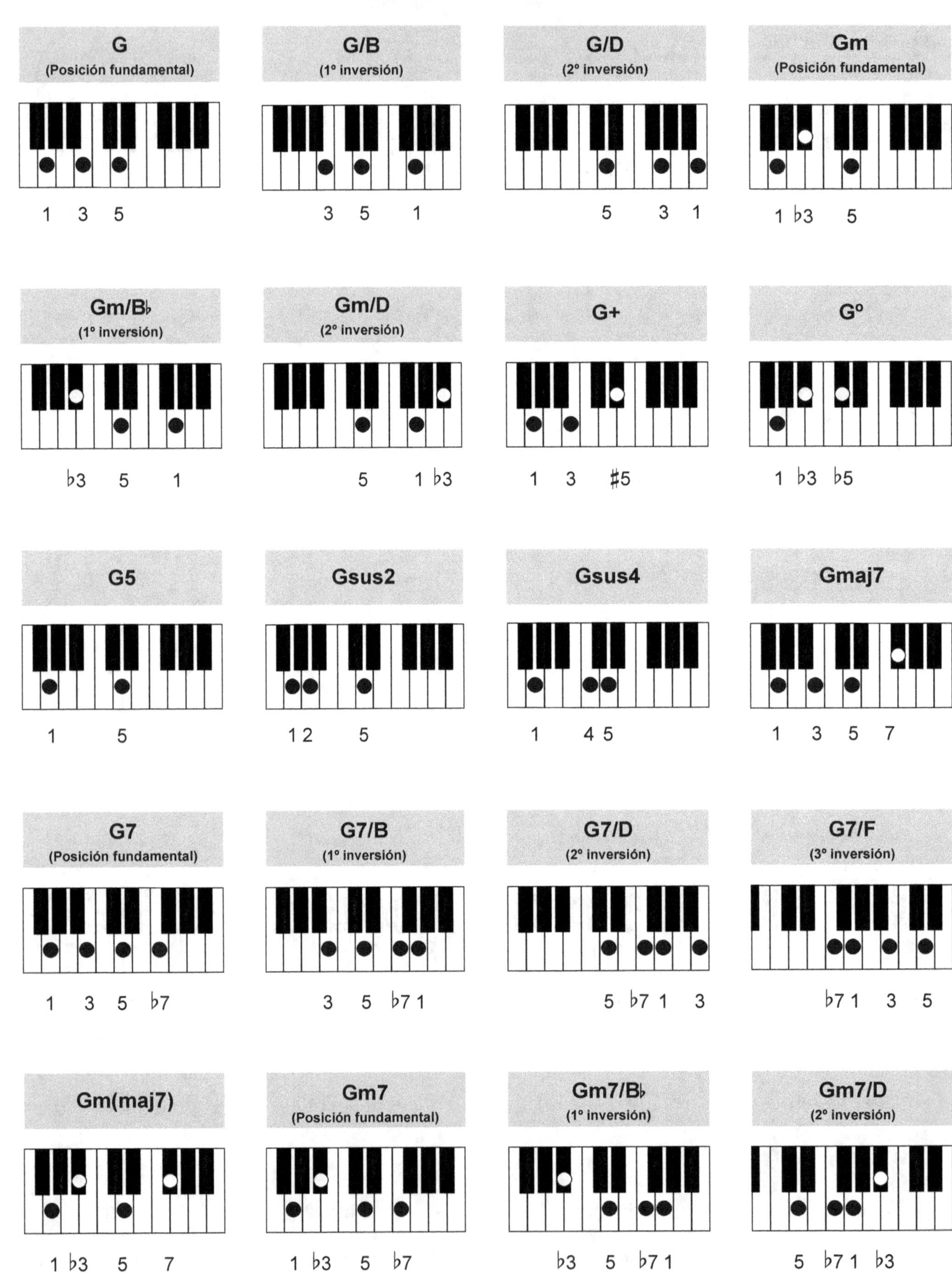

G (Posición fundamental)	G/B (1° inversión)	G/D (2° inversión)	Gm (Posición fundamental)
1 3 5	3 5 1	5 3 1	1 ♭3 5

Gm/B♭ (1° inversión)	Gm/D (2° inversión)	G+	G°
♭3 5 1	5 1 ♭3	1 3 #5	1 ♭3 ♭5

G5	Gsus2	Gsus4	Gmaj7
1 5	1 2 5	1 4 5	1 3 5 7

G7 (Posición fundamental)	G7/B (1° inversión)	G7/D (2° inversión)	G7/F (3° inversión)
1 3 5 ♭7	3 5 ♭7 1	5 ♭7 1 3	♭7 1 3 5

Gm(maj7)	Gm7 (Posición fundamental)	Gm7/B♭ (1° inversión)	Gm7/D (2° inversión)
1 ♭3 5 7	1 ♭3 5 ♭7	♭3 5 ♭7 1	5 ♭7 1 ♭3

G

Gm7/F
(3° inversión)
♭7 1 ♭3 5

Gm7(♭5)
1 ♭3 ♭5 ♭7

G°7
1 ♭3 ♭5 ♭♭7

Gmaj7(♯5)
1 ♭3 ♯5 7

G+7
1 3 ♯5 ♭7

Gm(add4)
1 ♭3 4 5

Gadd9
1 2 3 5 9

Gm(add9)
1 2 ♭3 5 9

G6
1 3 5 6

Gm6
1 ♭3 5 6

Gmaj9
1 2 3 5 7 9

G9
1 2 3 5 ♭7 9

Gm9
1 2 ♭3 5 ♭7 9

G11
1 3 5 ♭7 9 11

Gm11
1 ♭3 5 ♭7 9 11

G13
1 3 5 ♭7 9 11 13

G7sus4
1 4 5 ♭7

G7(♭5)
1 3 ♭5 ♭7

G7(♭9)
1 3 5 ♭7 ♭9

G7(♯9)
1 3 5 ♭7 ♯9

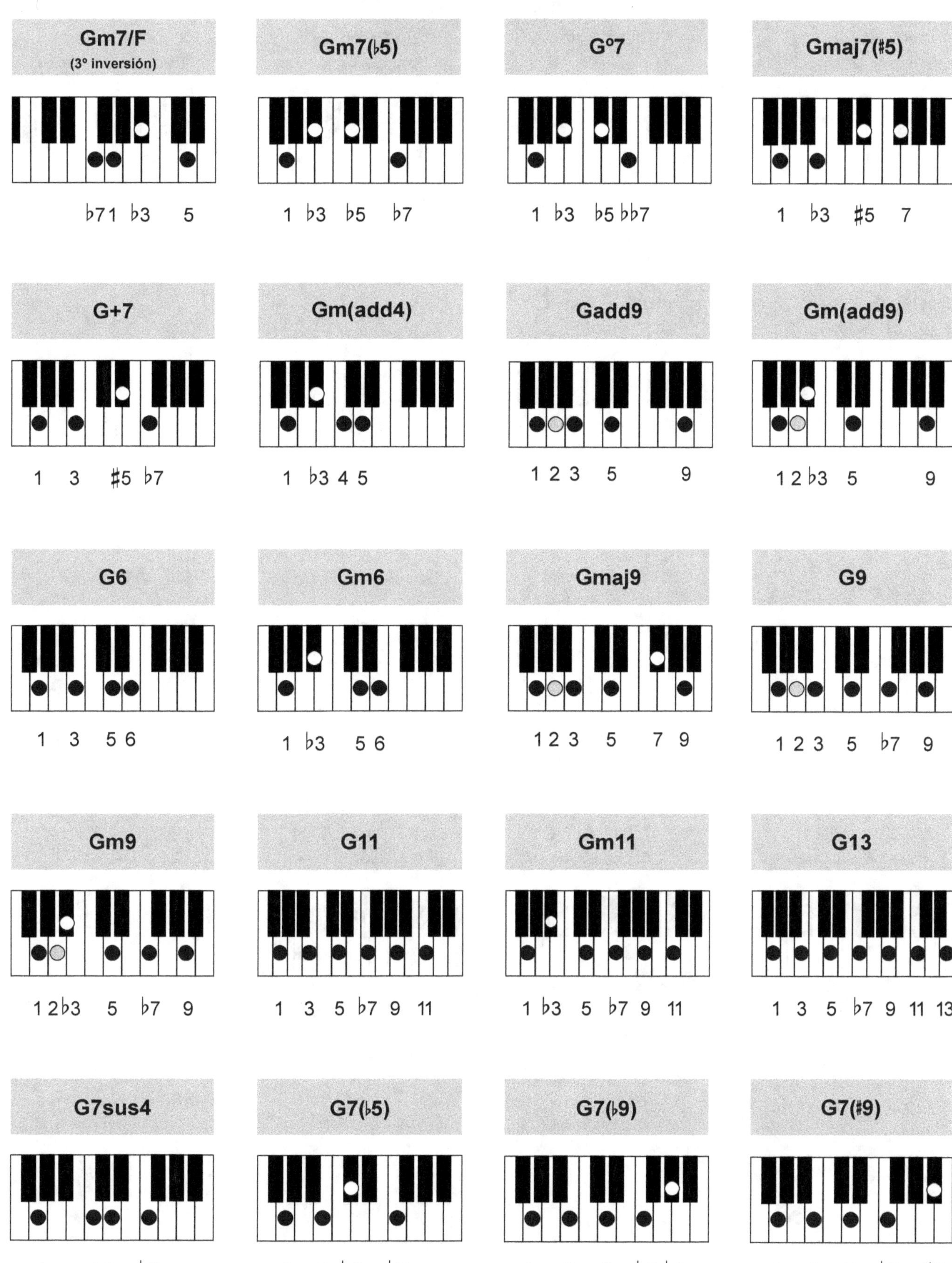

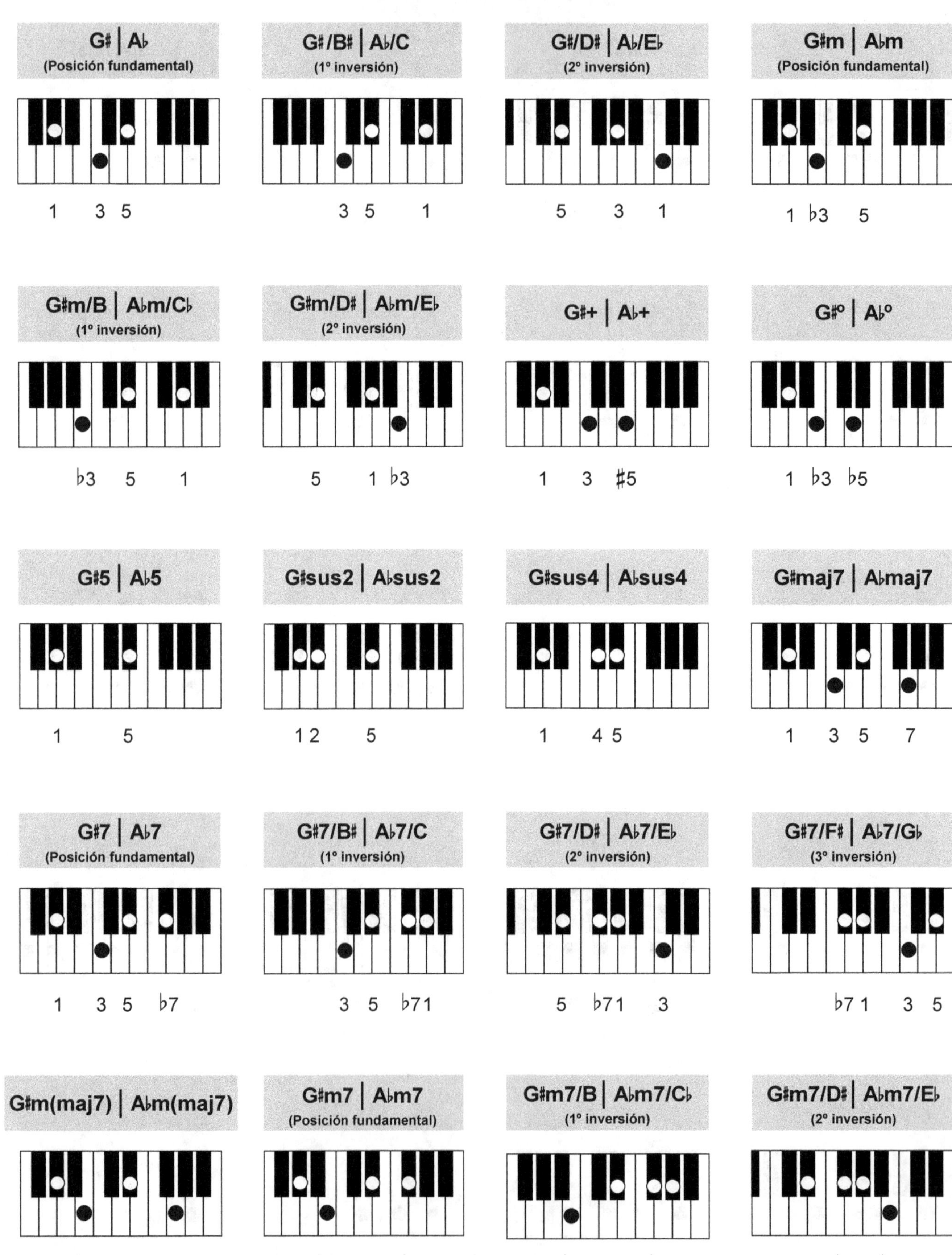

G# | A♭ (Posición fundamental)
1 3 5

G#/B# | A♭/C (1° inversión)
3 5 1

G#/D# | A♭/E♭ (2° inversión)
5 3 1

G#m | A♭m (Posición fundamental)
1 ♭3 5

G#m/B | A♭m/C♭ (1° inversión)
♭3 5 1

G#m/D# | A♭m/E♭ (2° inversión)
5 1 ♭3

G#+ | A♭+
1 3 #5

G#° | A♭°
1 ♭3 ♭5

G#5 | A♭5
1 5

G#sus2 | A♭sus2
1 2 5

G#sus4 | A♭sus4
1 4 5

G#maj7 | A♭maj7
1 3 5 7

G#7 | A♭7 (Posición fundamental)
1 3 5 ♭7

G#7/B# | A♭7/C (1° inversión)
3 5 ♭7 1

G#7/D# | A♭7/E♭ (2° inversión)
5 ♭7 1 3

G#7/F# | A♭7/G♭ (3° inversión)
♭7 1 3 5

G#m(maj7) | A♭m(maj7)
1 ♭3 5 7

G#m7 | A♭m7 (Posición fundamental)
1 ♭3 5 ♭7

G#m7/B | A♭m7/C♭ (1° inversión)
♭3 5 ♭7 1

G#m7/D# | A♭m7/E♭ (2° inversión)
5 ♭7 1 ♭3

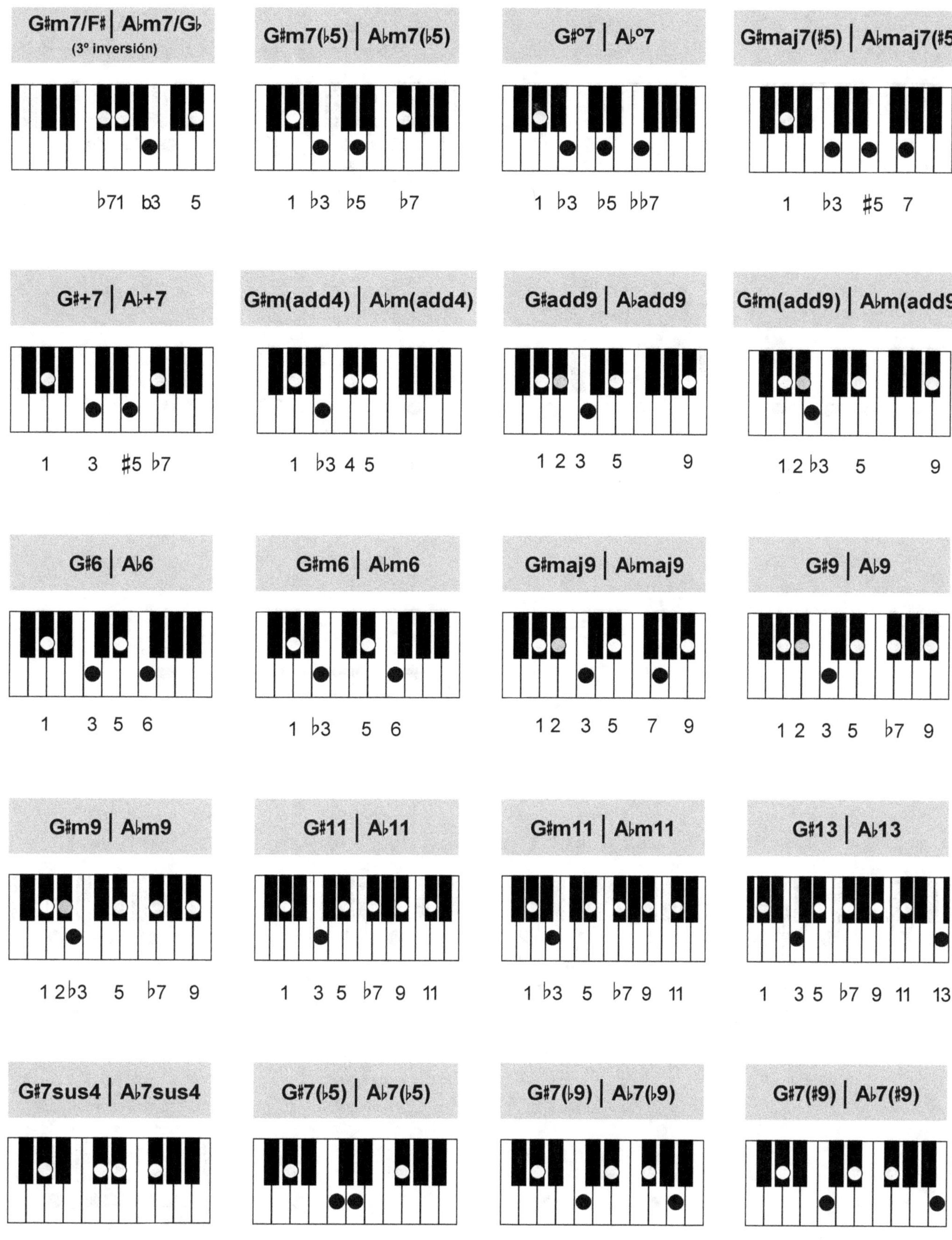

G#m7/F# | A♭m7/G♭ (3º inversión)
♭71 ♭3 5

G#m7(♭5) | A♭m7(♭5)
1 ♭3 ♭5 ♭7

G#º7 | A♭º7
1 ♭3 ♭5 ♭♭7

G#maj7(#5) | A♭maj7(#5)
1 ♭3 #5 7

G#+7 | A♭+7
1 3 #5 ♭7

G#m(add4) | A♭m(add4)
1 ♭3 4 5

G#add9 | A♭add9
1 2 3 5 9

G#m(add9) | A♭m(add9)
1 2 ♭3 5 9

G#6 | A♭6
1 3 5 6

G#m6 | A♭m6
1 ♭3 5 6

G#maj9 | A♭maj9
1 2 3 5 7 9

G#9 | A♭9
1 2 3 5 ♭7 9

G#m9 | A♭m9
1 2 ♭3 5 ♭7 9

G#11 | A♭11
1 3 5 ♭7 9 11

G#m11 | A♭m11
1 ♭3 5 ♭7 9 11

G#13 | A♭13
1 3 5 ♭7 9 11 13

G#7sus4 | A♭7sus4
1 4 5 ♭7

G#7(♭5) | A♭7(♭5)
1 3 ♭5 ♭7

G#7(♭9) | A♭7(♭9)
1 3 5 ♭7 ♭9

G#7(#9) | A♭7(#9)
1 3 5 ♭7 #9

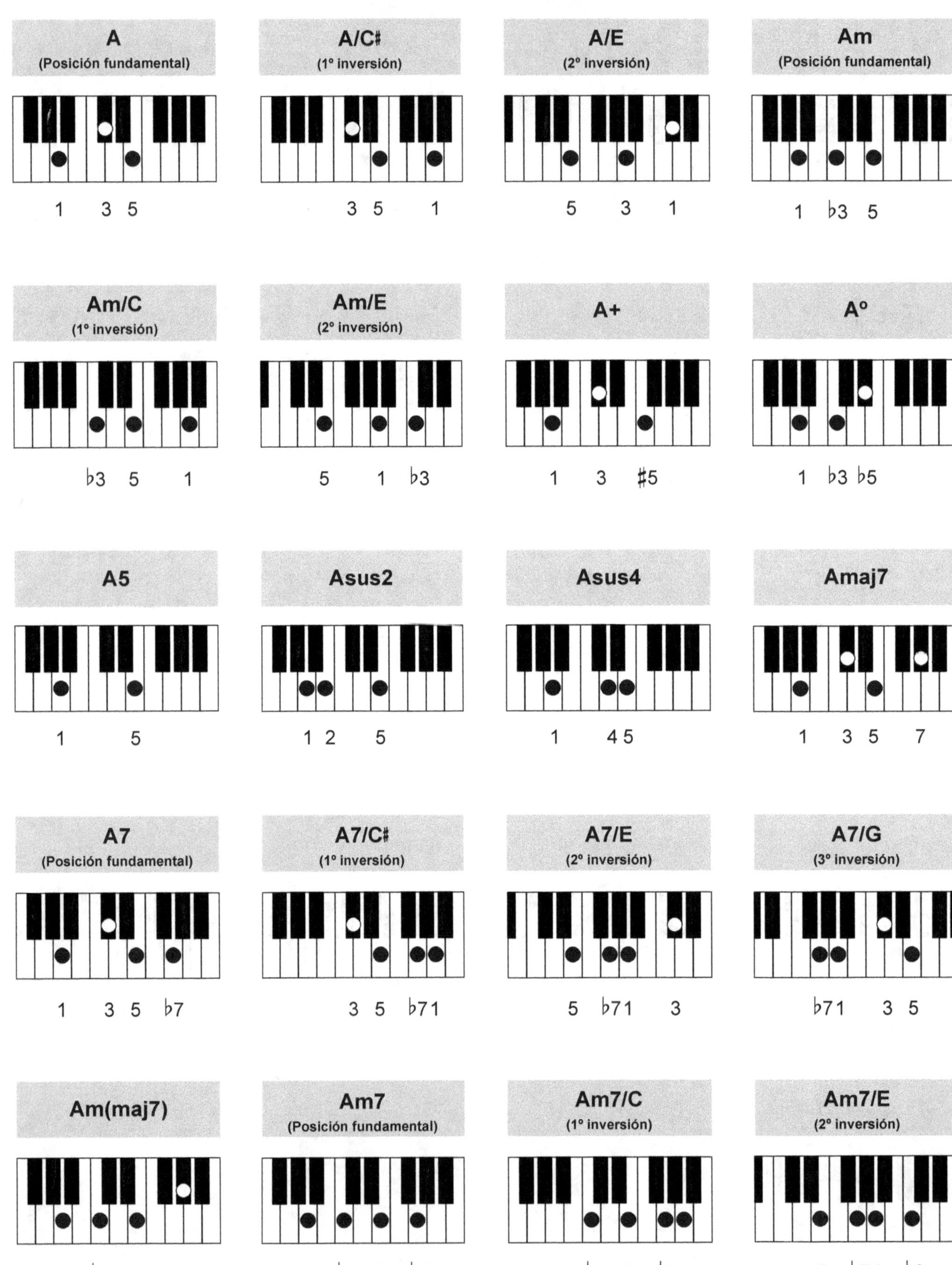

A (Posición fundamental) — 1 3 5

A/C# (1º inversión) — 3 5 1

A/E (2º inversión) — 5 3 1

Am (Posición fundamental) — 1 ♭3 5

Am/C (1º inversión) — ♭3 5 1

Am/E (2º inversión) — 5 1 ♭3

A+ — 1 3 ♯5

A° — 1 ♭3 ♭5

A5 — 1 5

Asus2 — 1 2 5

Asus4 — 1 4 5

Amaj7 — 1 3 5 7

A7 (Posición fundamental) — 1 3 5 ♭7

A7/C# (1º inversión) — 3 5 ♭7 1

A7/E (2º inversión) — 5 ♭7 1 3

A7/G (3º inversión) — ♭7 1 3 5

Am(maj7) — 1 ♭3 5 7

Am7 (Posición fundamental) — 1 ♭3 5 ♭7

Am7/C (1º inversión) — ♭3 5 ♭7 1

Am7/E (2º inversión) — 5 ♭7 1 ♭3

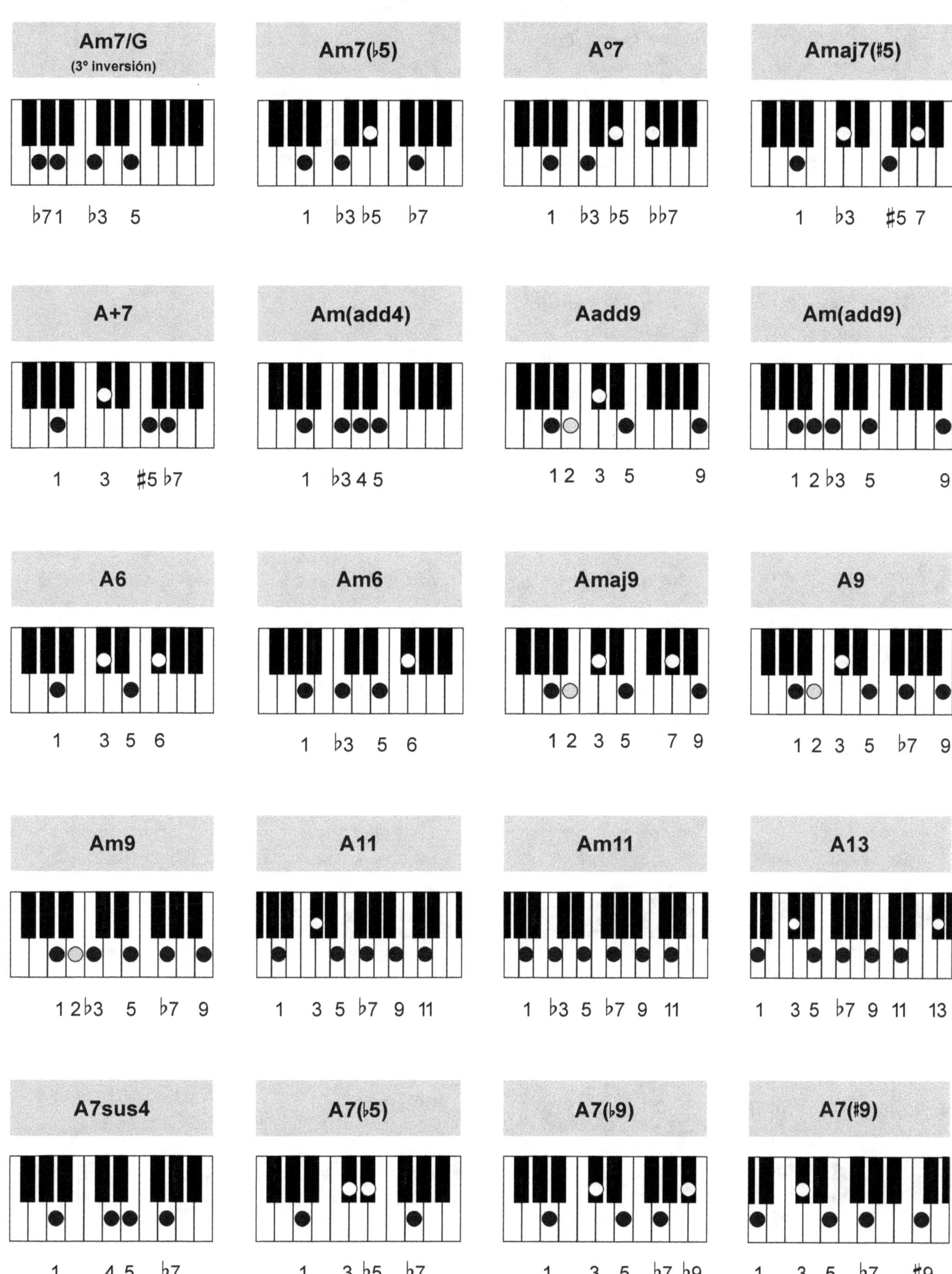

Am7/G
(3° inversión)
♭7 1 ♭3 5

Am7(♭5)
1 ♭3 ♭5 ♭7

A°7
1 ♭3 ♭5 ♭♭7

Amaj7(♯5)
1 ♭3 ♯5 7

A+7
1 3 ♯5 ♭7

Am(add4)
1 ♭3 4 5

Aadd9
1 2 3 5 9

Am(add9)
1 2 ♭3 5 9

A6
1 3 5 6

Am6
1 ♭3 5 6

Amaj9
1 2 3 5 7 9

A9
1 2 3 5 ♭7 9

Am9
1 2 ♭3 5 ♭7 9

A11
1 3 5 ♭7 9 11

Am11
1 ♭3 5 ♭7 9 11

A13
1 3 5 ♭7 9 11 13

A7sus4
1 4 5 ♭7

A7(♭5)
1 3 ♭5 ♭7

A7(♭9)
1 3 5 ♭7 ♭9

A7(♯9)
1 3 5 ♭7 ♯9

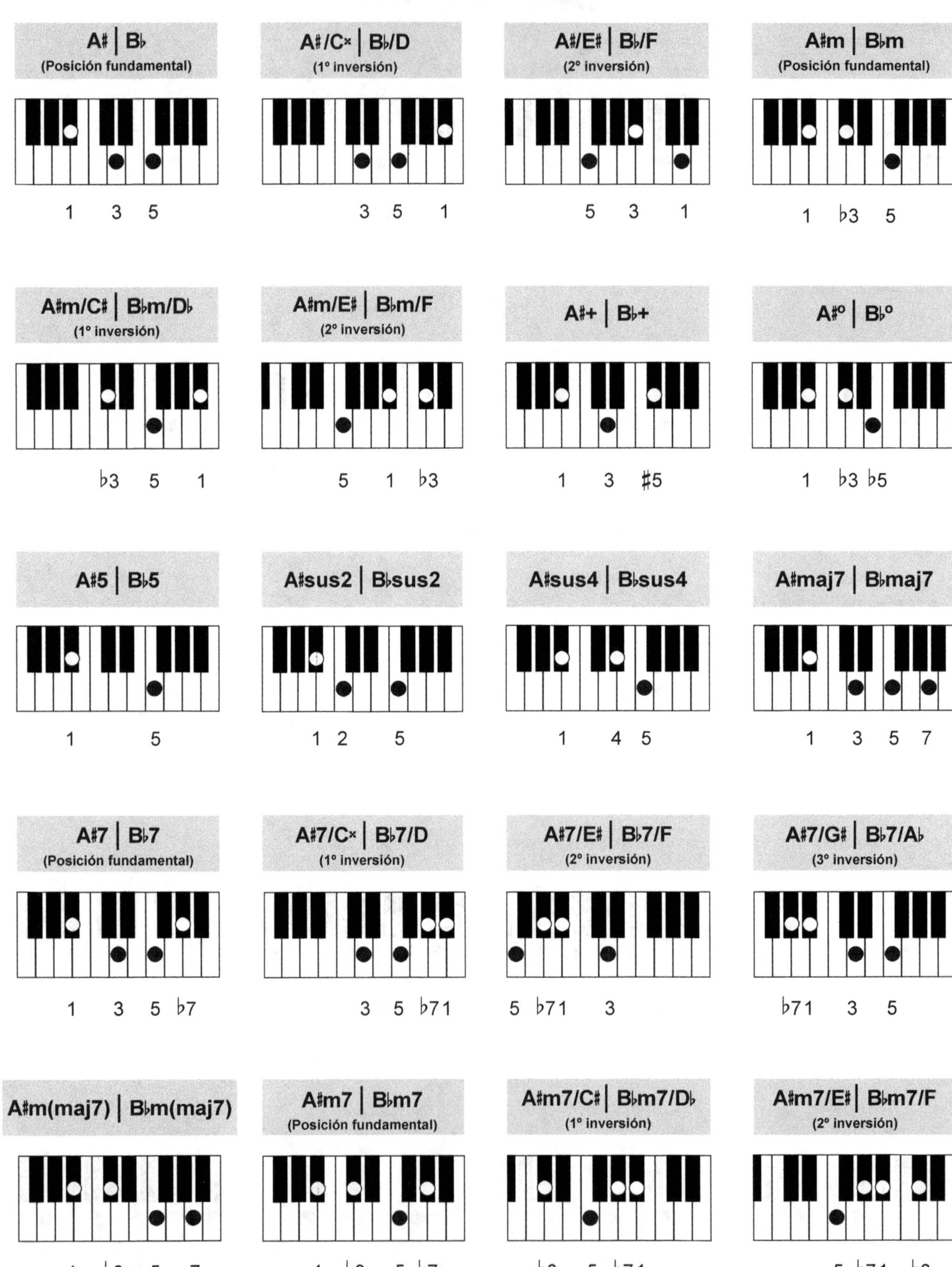

A# | B♭
(Posición fundamental)
1 3 5

A#/C× | B♭/D
(1° inversión)
3 5 1

A#/E# | B♭/F
(2° inversión)
5 3 1

A#m | B♭m
(Posición fundamental)
1 ♭3 5

A#m/C# | B♭m/D♭
(1° inversión)
♭3 5 1

A#m/E# | B♭m/F
(2° inversión)
5 1 ♭3

A#+ | B♭+
1 3 #5

A#° | B♭°
1 ♭3 ♭5

A#5 | B♭5
1 5

A#sus2 | B♭sus2
1 2 5

A#sus4 | B♭sus4
1 4 5

A#maj7 | B♭maj7
1 3 5 7

A#7 | B♭7
(Posición fundamental)
1 3 5 ♭7

A#7/C× | B♭7/D
(1° inversión)
3 5 ♭7 1

A#7/E# | B♭7/F
(2° inversión)
5 ♭7 1 3

A#7/G# | B♭7/A♭
(3° inversión)
♭7 1 3 5

A#m(maj7) | B♭m(maj7)
1 ♭3 5 7

A#m7 | B♭m7
(Posición fundamental)
1 ♭3 5 ♭7

A#m7/C# | B♭m7/D♭
(1° inversión)
♭3 5 ♭7 1

A#m7/E# | B♭m7/F
(2° inversión)
5 ♭7 1 ♭3

A♯ | B♭

A#m7/G# | B♭m7/A♭
(3º inversión)
♭7 1 ♭3 5

A#m7(♭5) | B♭m7(♭5)
1 ♭3 ♭5 ♭7

A#º7 | B♭º7
1 ♭3 ♭5 ♭♭7

A#maj7(#5) | B♭maj7(#5)
1 ♭3 #5 7

A#+7 | B♭+7
1 3 #5 ♭7

A#m(add4) | B♭m(add4)
1 ♭3 4 5

A#add9 | B♭add9
1 2 3 5 9

A#m(add9) | B♭m(add9)
1 2 ♭3 5 9

A#6 | B♭6
1 3 5 6

A#m6 | B♭m6
1 ♭3 5 6

A#maj9 | B♭maj9
1 2 3 5 7 9

A#9 | B♭9
1 2 3 5 ♭7 9

A#m9 | B♭m9
1 2 ♭3 5 ♭7 9

A#11 | B♭11
1 3 5 ♭7 9 11

A#m11 | B♭m11
1 ♭3 5 ♭7 9 11

A#13 | B♭13
1 3 5 ♭7 9 11 13

A#7sus4 | B♭7sus4
1 4 5 ♭7

A#7(♭5) | B♭7(♭5)
1 3 ♭5 ♭7

A#7(♭9) | B♭7(♭9)
1 3 5 ♭7 ♭9

A#7(#9) | B♭7(#9)
1 3 5 ♭7 #9

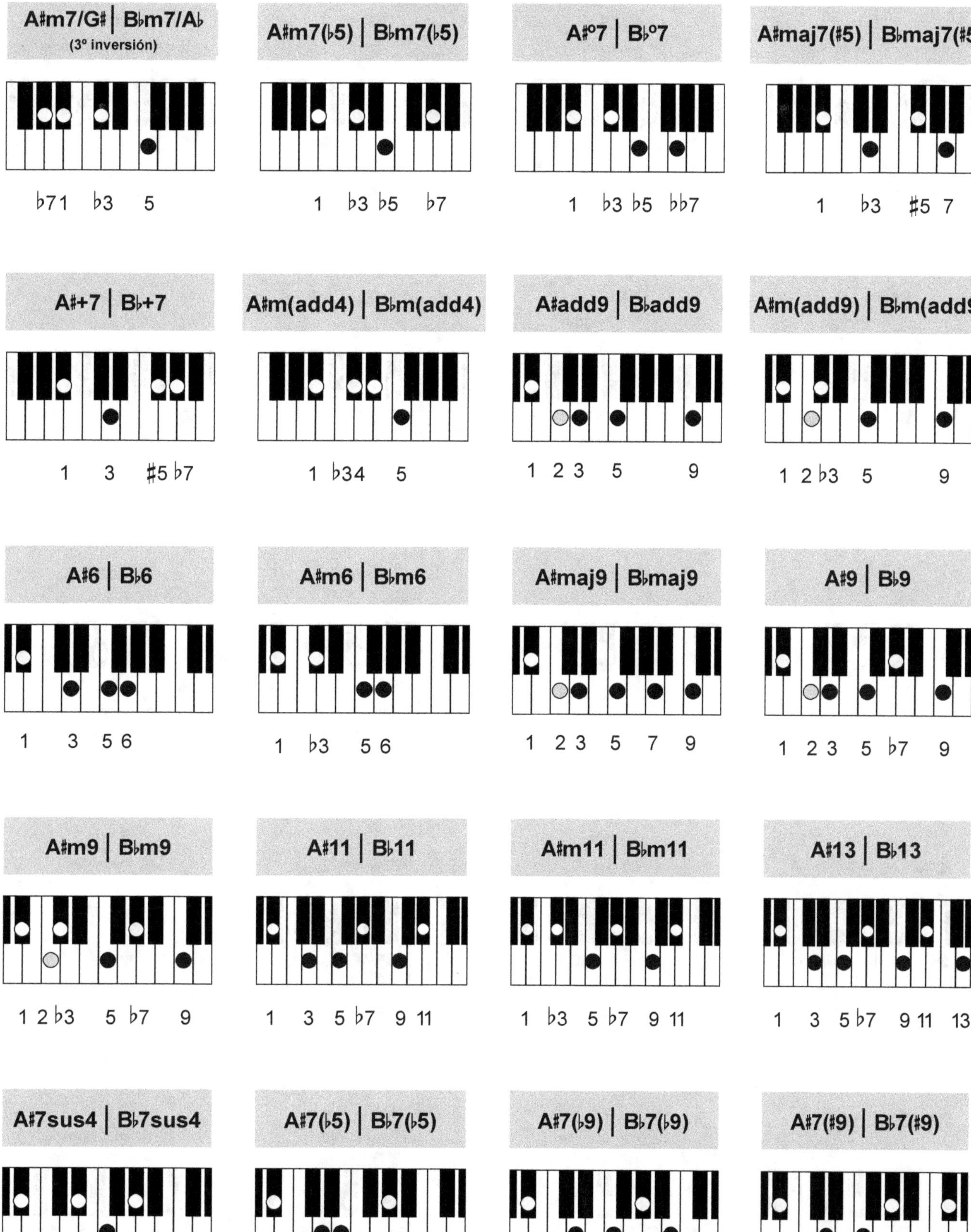

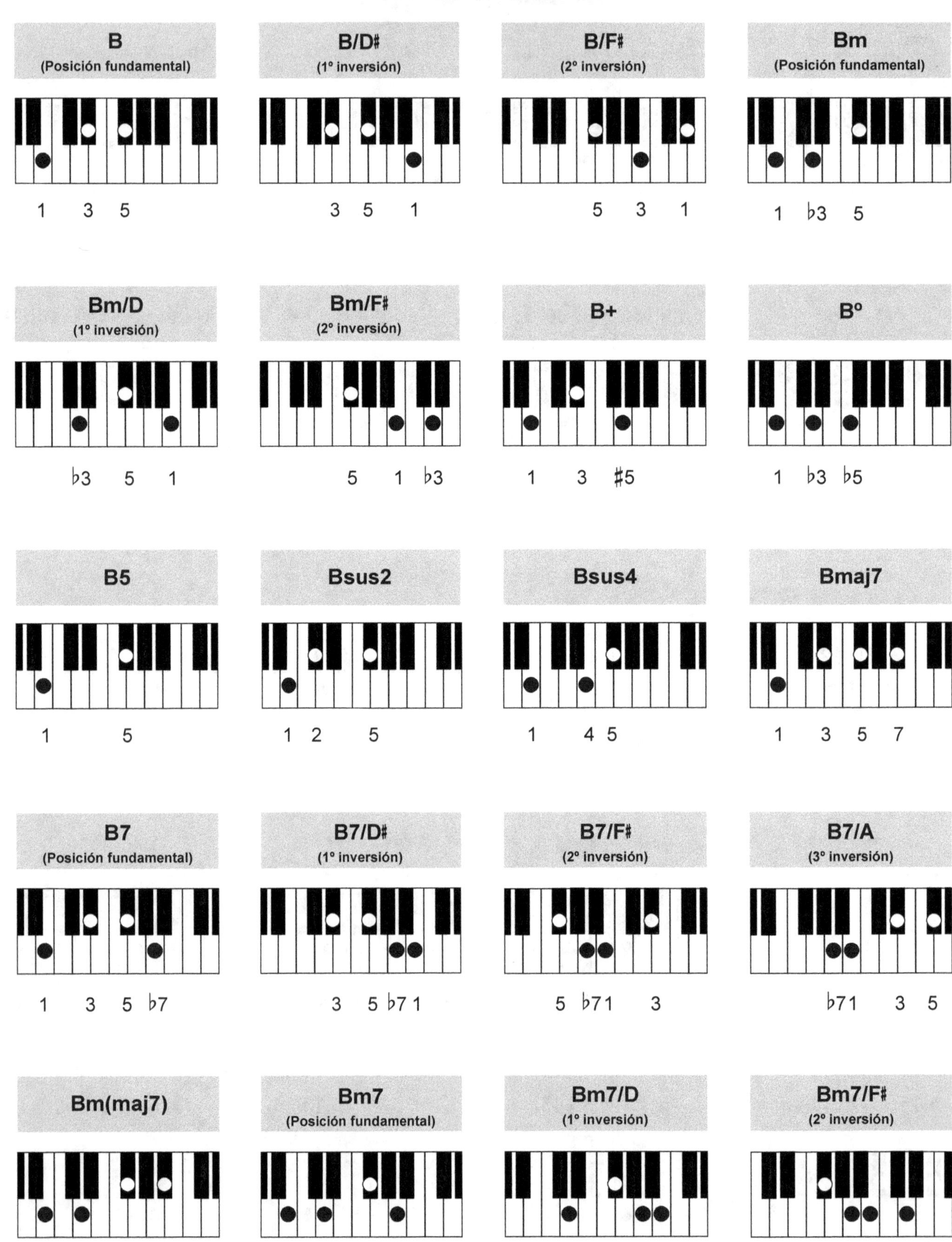

B
(Posición fundamental)
1 3 5

B/D#
(1° inversión)
3 5 1

B/F#
(2° inversión)
5 3 1

Bm
(Posición fundamental)
1 ♭3 5

Bm/D
(1° inversión)
♭3 5 1

Bm/F#
(2° inversión)
5 1 ♭3

B+
1 3 #5

B°
1 ♭3 ♭5

B5
1 5

Bsus2
1 2 5

Bsus4
1 4 5

Bmaj7
1 3 5 7

B7
(Posición fundamental)
1 3 5 ♭7

B7/D#
(1° inversión)
3 5 ♭7 1

B7/F#
(2° inversión)
5 ♭7 1 3

B7/A
(3° inversión)
♭7 1 3 5

Bm(maj7)
1 ♭3 5 7

Bm7
(Posición fundamental)
1 ♭3 5 ♭7

Bm7/D
(1° inversión)
♭3 5 ♭7 1

Bm7/F#
(2° inversión)
5 ♭7 1 ♭3

B

Bm7/A
(3° inversión)
♭7 1 ♭3 5

Bm7(♭5)
1 ♭3 ♭5 ♭7

B°7
1 ♭3 ♭5 ♭♭7

Bmaj7(♯5)
1 ♭3 ♯5 7

B+7
1 3 ♯5 ♭7

Bm(add4)
1 ♭3 4 5

Badd9
1 2 3 5 9

Bm(add9)
1 2♭3 5 9

B6
1 3 5 6

Bm6
1 ♭3 5 6

Bmaj9
1 2 3 5 7 9

B9
1 2 3 5 ♭7 9

Bm9
1 2♭3 5 ♭7 9

B11
1 3 5 ♭7 9 11

Bm11
1 ♭3 5 ♭7 9 11

B13
1 3 5 ♭7 9 11 13

B7sus4
1 4 5♭7

B7(♭5)
1 3 ♭5 ♭7

B7(♭9)
1 3 5 ♭7 ♭9

B7(♯9)
1 3 5 ♭7 ♯9

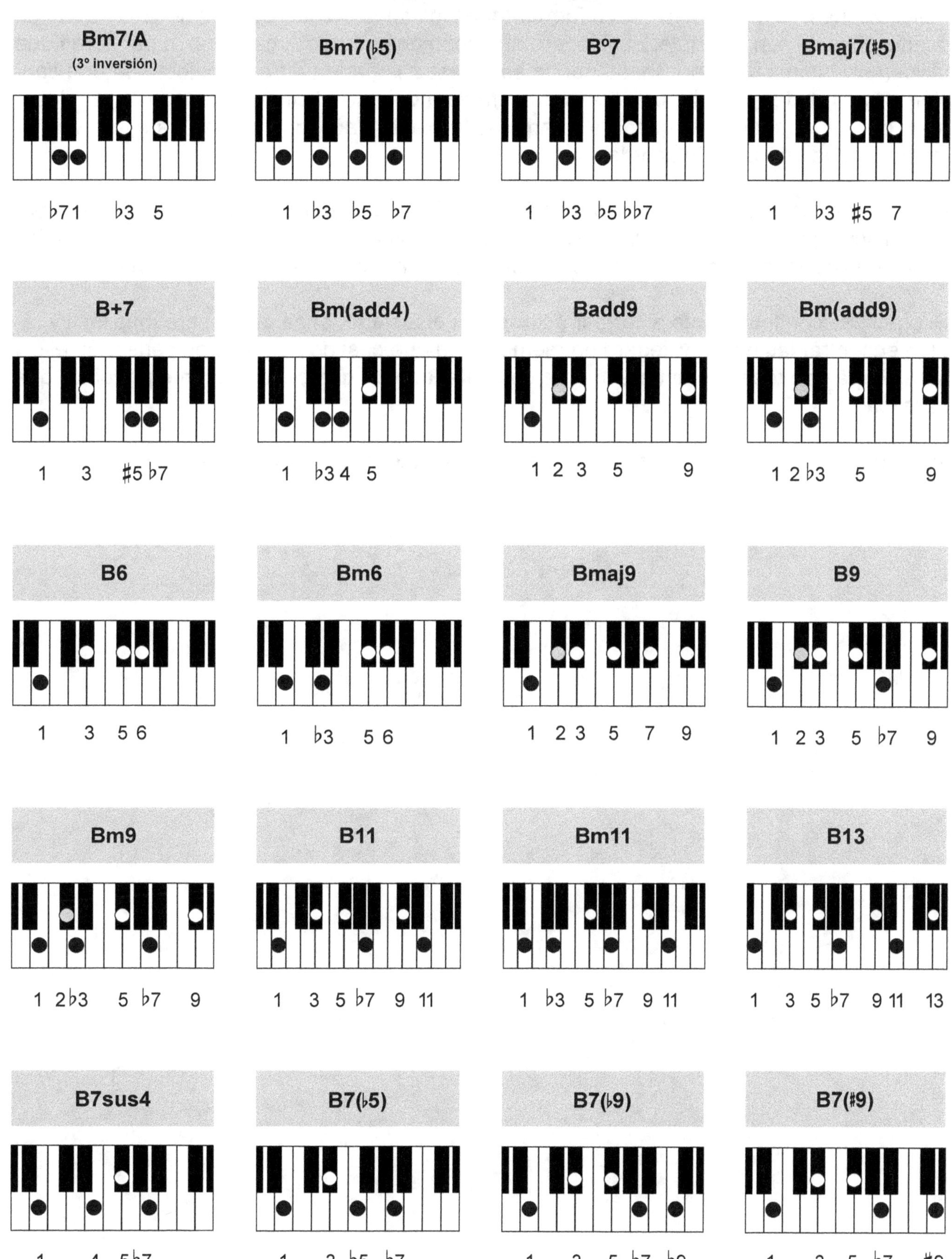

PALABRAS FINALES

Felicitaciones! Ahora que ya sabes formar todos los tipos de acorde de este libro, estás en condiciones de leer cualquier cancionero que contenga cifrado Americano, o partituras que utilicen el sistema de Lead Sheet, donde se muestra la partitura de la melodía de una canción y los acordes necesarios para acompañarla mediante el cifrado de acordes. El desarrollo del acompañamiento quedará a cargo de tu creatividad y originalidad para aprovechar las notas que brinda cada acorde.

En este libro analizamos los acordes en forma independiente. El siguiente desafío será poner en accion estos conocimientos. Para eso te recomiendo que busques los acordes de las canciones que más te gustan y ejercites formarlos a medida que van apareciendo.

Si practicas continuamente el formar acordes en el teclado, cada día te será más fácil y rápido encontrar las notas, y llegará un momento en que casi no necesitarás pensar en ello y serás capáz de tocar instantaneamente cualquier acorde que se te presente por difícil que parezca.

Te animo a que practiques con empeño porque sé que la gratificación es grande.